»Unser Haus gehörte Mamas Familie, seitdem der Großpapa vom Großpapa ihres Großpapas vor tausend Jahren oder so über das Meer hierhergekommen war.«

»Mama hat immer gesagt, man muß die Vergangenheit hinter sich zuücklassen, bevor man weitermacht.«

Das Bubba Gump Shrimp Kochbuch

Rezepte und Zitate aus FORREST GUMP

Aus dem Amerikanischen von Martina König
Mit einem Vorwort von Winston Groom

Deutsche Erstausgabe

WILHELM HEYNE VERLAG
MÜNCHEN

ALLGEMEINE REIHE
01/9355

Titel der Originalausgabe:
THE FORREST GUMP SHRIMP CO. COOKBOOK
erschienen bei Oxmoor House, Birmingham, Alabama, USA

Copyright der Rezepte und Rezeptfotos:
© 1994 by Oxmoor House Inc., Birmingham, Al 35201, USA
Copyright der Zitate und Fotos aus FORREST GUMP:
© 1994 by Paramount Pictures. All Rights Reserved.
Lizenz durch Merchandising München KG
Copyright des Vorworts:
© 1994 by Winston Groom
Copyright © der deutschen Ausgabe 1995 by Wilhelm Heyne Verlag GmbH & Co. KG, München
Printed in Germany 1995
Umschlagfoto und Filmfotos: Paramount Pictures
Umschlaggestaltung: Atelier Ingrid Schütz, München
Rezeptfotos: Oxmoor House
Satz und Gestaltung: Ulrike Walleitner, München
Druck und Bindung: RMO Druck, München

ISBN: 3-453-08664-3

Inhaltsverzeichnis

Dem Andenken an Benjamin Buford »Bubba« Blue gewidmet
»Bubba und ich waren Partner auf Lebenszeit.«

Abkürzungen und Erklärungen:

EL	=	Eßlöffel
TL	=	Teelöffel
g	=	Gramm
l	=	Liter
ml	=	Milliliter (1/1000 l, 1 g)
TK	=	Tiefkühlkost

Alle Zutaten, die Sie im Supermarkt nicht bekommen, erhalten Sie in Feinkost- und asiatischen Spezialgeschäften oder in den Lebensmittelabteilungen großer Kaufhäuser

Liebe Köche,

wie die meisten von Ihnen wissen, habe ich früher schon eine ganze Menge verschiedener Sachen gemacht, und einiges davon ist mir auch überhaupt nicht leichtgefallen. Aber jetzt geht es mir wirklich prima, weil Forrest junior und ich – wir sind echte Kumpels. Vatersein fällt mir richtig leicht. Ich fühle mich dabei ungefähr wie ein Fisch im Wasser, wenn Sie wissen, was ich meine.

Forrest junior und ich, wir stehen am liebsten in der Küche und kochen. Und am allerliebsten kochen wir alle Arten von Shrimps: braune Shrimps, weiße Shrimps, rosa Shrimps, graue Shrimps. Und damit Forrest junior die Rezepte dafür sein ganzes Leben lang behält, schreibe ich sie alle auf.

Meine Mama hat immer gesagt, daß in der Zeitschrift Southern Livin die besten Shrimpsrezepte stehen. Und da hat sie ihre auch hergehabt. In diesem Buch zeige ich euch einige von Mamas Lieblingsrezepten. Das hätte ihr sicherlich gefallen.

Und noch was: Um Shrimps zu kochen, muß man weder reich, berühmt oder sonderlich schlau sein. Dafür bin ich der lebende Beweis.

Ich denke, der Grund dafür, daß wir so gerne Shrimps kochen, ist der alte Bubba. Er geht mir wirklich ab. Wir waren Freunde fürs Leben.

Bubba brachte mir alles über das Shrimpsgeschäft bei: Wie man Shrimps fängt, kocht und ißt. Er erzählte mir sogar davon, wie er sie als kleiner Junge hochgehoben und an ihren Fühlern gekitzelt hat, damit sie damit wackeln. Als wir zusammen bei der Armee waren, schaffte er es fast immer, die Spra-

che auf Shrimps zu bringen, egal welches Thema wir gerade diskutierten. Wenn ich zum Beispiel sagte: »Bubba, könntest Du mir beim Schuheputzen helfen?«, war seine Antwort: »Aber klar, Forrest, ich werde deine Schuhe so polieren, daß sie glänzen wie frisch gekochte Riesen-Shrimps mit Knoblauchöl.« Er hat immer solche Sachen gebracht. Naja, Bubba kam in Vietnam ums Leben. Und das ist alles, was ich darüber sagen kann.

Das Shrimpsgeschäft meinte es richtig gut mit Bubba und mir. Eigentlich wollte ich gerade soviele Shrimps fangen, um davon leben zu können und für uns noch welche überzuhaben. Aber dann hatten Lieutenant Dan und ich richtig Glück. Und obwohl der alte Bubba heute nicht mehr da ist, habe ich seinen Anteil seiner Mutter gegeben, denn wir waren Partner auf Lebenszeit. Bubbas Mutter lebt jetzt richtig gut.

So war das. Ja, und Mama Blue hat mir das beste Shrimpsrezept überhaupt beigebracht. Sie hat die Dinge immer auf eine gute, einfache Art angepackt. Und einfach ist etwas, was ich verstehen kann. Aber abgesehen davon, möchte ich Ihnen dieses Rezept jetzt gleich mitteilen, damit Sie es selber nachkochen können.

Mama Blues Kesselshrimps

(Foto Seite 19)

Als erstes organisieren Sie sich einen großen alten Eisentopf mit Deckel (»Kessel« nannte ihn Mama Blue).

Dann holen Sie sich ein oder eineinhalb Kilo von diesen richtig großen Shrimps – Tiger Prawns sagt man auch dazu. 10 bis 12 sind ungefähr 500 Gramm, und die ganze Menge reicht für sechs bis acht Personen (wenn ich nicht dabei bin!). Sie sehen fast aus wie Hummer! (Ob sie mit oder ohne Kopf sind, ist egal.)

Jetzt von drei bis vier Frühlingszwiebeln und einem Stangensellerie das Grüne abschneiden.

Danach machen Sie sich ein billiges Büchsenbier auf und trinken es halb leer. (Diesen Teil hat Mama Blue gern gemocht.)

Den Kessel auf den Herd stellen und sehr heiß werden lassen. Dann das Grüne von Zwiebeln und Stangensellerie reinwerfen und warten, bis es zusammenfällt. Wenn das Ganze anfängt, komisch zu zischen, die Hälfte von dem Bier, das noch in der Büchse ist, dazugießen.

Wenn das Bier so richtig dampft und brodelt, werden die Shrimps reingeworfen. Jetzt den Topf richtig fest verschließen und vier Minuten warten.

Den Deckel öffnen. Die Shrimps sollten schon ein bißchen rosa sein. Ein- oder zweimal umrühren, dann den Rest vom Bier dazugießen und Deckel wieder draufsetzen. Zwei bis drei Minuten warten, dann den Topf wieder aufmachen. Die Shrimps sollten jetzt fertig und rosa sein. Wenn das noch nicht der Fall ist, wieder umrühren und noch einmal eine bis zwei Minuten dämpfen, damit auch wirklich alle Shrimps rosa sind.

Und jetzt – das Ganze mit einem großen Schaumlöffel herausnehmen und mit Zitronenspalten und heißen Maiskolben auf eine große Platte legen. Wie da der Dampf aufgeht!

Sieht ganz gut aus, oder? Jetzt wird die Platte auf den Tisch gestellt und jeder bekommt eine kleine Schüssel mit Zitronenbutter neben seinen Teller.

Eigentlich sollten jetzt alle wissen, wie es weitergeht. Aber falls sie es nicht wissen, sagen Sie ihnen, daß sie die Shrimps mit den Fingern schälen, in die Zitronenbutter tunken und essen sollen (die Shrimps natürlich).

Sagen Sie Ihnen auch, daß sie die Schalen nicht mitessen sollen, und daß man sie auch nicht in den Zitronenbutter-Schüsselchen ablegt.

Manche Leute sind der Meinung, daß man zu diesen Shrimps einen guten Weißwein trinken sollte. Aber Mama Blue trinkt dazu Bier. Ich persönlich trinke dazu gerne Dr. Pepper's Cola.

Fast immer, wenn Forrest junior und ich dieses Essen zubereiten, kommt der alte Bubba wieder zu mir zurück, wie in einem Traum: Wir beide draußen auf einem Shrimpkutter, genau so wie wir es uns damals ausgemalt hatten. Die See ist ruhig am frühen Morgen, keine Welle durchbricht die glatte Wasseroberfläche, die Möven tanzen über uns und die Sonne geht gerade auf, über dem Golf von Mexiko. Das Boot schleppt die Netze, die Maschinen stampfen schwer, und der alte Bubba lächelt vor sich hin – ganz so, wie er es immer gesagt hatte. Tja. Ein Traum bleibt wohl immer nur ein Traum.

Aber eins möchte ich dazu noch sagen: Immer wenn wir um den Tisch saßen mit den dampfenden Shrimps vor uns: ich und Bubbas Mama und Lieutenant Dan und Jenny – Jenny war … nun ja, Jenny war wieder was anderes –, aber wie dem auch sei, wir tranken dann jedesmal ein Gläschen auf Bubbas Wohl. Und noch eins möchte ich sagen: Wenn ich mich an all das zurückerinnere und nachts in den Sternenhimmel sehe, dann denke ich mir immer:

Wenigstens haben wir alle - Bubba und Jenny und Lieutenant Dan und ich - kein langweiliges Leben gelebt.

Hochachtungsvoll,

FORREST GUMP

Weil Du schon so alt geworden bist, schenke ich Dir jede Woche Deines neuen Lebensjahres, ein Abendessen aus diesem Buch.

Deine Doro

(schließlich geht Liebe durch den Magen)

Shrimps gebacken

Gefüllte Millionärs-Shrimps
Millionaire Stuffed Shrimp

12 ungeschälte frische Riesen-Shrimps (z.B. Tiger Prawns)
1,5 l Wasser · 1 mittelgroße, feingehackte Zwiebel
1/2 mittelgroße, feingeschnittene grüne Paprikaschote
75 g feingeschnittener Stangensellerie
110 g flüssige Butter oder Margarine
500 g frisches Krebsfleisch, abgetropft
1 großes Ei (50 g), leicht schaumig geschlagen
60 g zerstoßene Salzkräcker · 110 g Mayonnaise · 1 EL mittelscharfer Senf
2 TL Worcestersauce · 1/8 TL gemahlener roter Pfeffer · milder Paprika

Shrimps schälen und Därme entfernen, Schwanzfächer dabei ganz lassen. Shrimps mit einem Pariermesser auf der Rückseite bis zum Schwanzfächer aufschneiden. Auseinanderklappen und flachdrücken. Wasser zum Kochen bringen. Shrimps zugeben, 1 Minute kochen. Abtropfen lassen und in eine ofenfeste flache Form legen. 50 g Butter in einem Pfännchen mit hohem Rand erhitzen. Zwiebel, Paprikaschote und Stangensellerie darin unter Rühren weichdünsten. Krebsfleisch, Ei, Salzkräcker, Mayonnaise, Senf, Worcestersauce und Pfeffer in eine Schüssel geben und vorsichtig verrühren. Gemüsemischung unterheben. Je drei Teelöffel der Krebsfleisch-Gemüsemischung auf einen Shrimp häufen und mit Paprika bestreuen. Restliche Butter über die Shrimps verteilen. Ohne Abdeckung bei 180°C im Ofen garen. Dann sechs Minuten unter der Grillschlange gratinieren (zweite Einschubleiste von oben, Ofentür einen Spalt offen lassen), dabei zweimal mit der Bratflüssigkeit bepinseln. Ergibt eine Vorspeise für 4 Personen.

Shrimpsauflauf nach Alabama-Art
Alabama-Style Shrimp Bake
(Foto Seite 20)

225 g geschmolzene Butter oder Margarine
180 ml Zitronensaft · 180 ml Worcestersauce
1 EL Salz · 1 EL grobgemahlener schwarzer Pfeffer
1 TL getrockneter Rosmarin · 1/8 TL gemahlener roter Pfeffer
1 TL Tabasco · 3 durchgepreßte Knoblauchzehen
1,5 kg ungeschälte frische Riesen-Shrimps oder große Shrimps
(z.B. Tiger Prawns oder King Prawns)
2 Zitronen, in dünne Scheiben geschnitten
1 mittelgroße Zwiebel, in dünne Scheiben geschnitten
<u>Zum Garnieren:</u> frische Rosmarinzweige

Butter, Zitronensaft, Worcestersauce, Salz, Pfeffer, Rosmarin, Pfeffer, Tabasco und den Knoblauch zu einer flüssigen Kräuterbutter vermengen und beiseite stellen. Shrimps mit kaltem Wasser überbrausen und gut abtropfen lassen. Zitronenscheiben, Zwiebelscheiben und Shrimps in eine ungefettete feuerfeste Auflaufform schichten (Maße ca. 35x25x5 cm), mit Kräuterbutter übergießen.
Ohne Abdeckung bei 200°C ca. 20 bis 25 Minuten im Ofen garen, dabei von Zeit zu Zeit mit der Bratflüssigkeit bepinseln. Nach Wunsch mit Rosmarinzweigen garnieren. Ergibt 6 Portionen.

Schnelle Shrimps
Shrimp Quickie

1,5 kg ungeschälte frische große Shrimps (z.B. King Prawns)
1 Flasche (225 ml) italienisches Salatdressing
60 g flüssige Butter oder Margarine
60 ml frischer Zitronensaft
1/4 TL grobgemahlener schwarzer Pfeffer

Shrimps schälen und Därme entfernen, Schwanzfächer dabei ganz lassen. Salatdressing, Butter, Zitronensaft und Pfeffer in einer feuerfesten Auflaufform (35x25x5 cm) mit den Shrimps gut mischen. Ohne Abdeckung bei 160°C 25 Minuten im Ofen garen, bis die Shrimps rosa sind, dabei gelegentlich umrühren. Ergibt 6–8 Portionen.

»Meine Mama hat immer gesagt, das Leben ist wie eine Schachtel Pralinen. Man weiß nie, was man kriegt.«

Shrimps dijonnaise
Shrimp Dijonnaise

375 g ungeschälte frische große Shrimps (z.B. King Prawns)
110 ml Zitronensaft · 60 g flüssige Butter oder Margarine
2 EL Pflanzenöl · 2 EL Dijonsenf
1 EL Worcestersauce
8 durchgepreßte Knoblauchzehen

Shrimps schälen und Därme entfernen, Schwanzfächer dabei ganz lassen. Zitronensaft, Butter, Pflanzenöl, Dijonsenf, Worcestersauce und Knoblauch in einer flachen Schüssel vermengen, Shrimps dazugeben. Zugedeckt vier Stunden kühl stellen. Shrimps auf den eingefetteten Grillrost des Ofens legen, Fettpfanne unterschieben und 4 Minuten unter der Grillschlange gratinieren, bis die Shrimps rosa sind (zweite Einschubleiste von oben, Ofentür einen Spalt offen lassen). Ergibt 2 Portionen.

Bubbas Biershrimps-Spieße
Bubba's Beer-Broiled Shrimp

1 kg ungeschälte frische große Shrimps (z.B. King Prawns)
180 ml Bier
2 EL feingehackte frische Petersilie
2 EL Pflanzenöl
4 TL Worcestersauce
1 durchgepreßte Knoblauchzehe
1/8 TL Salz · 1/8 TL Pfeffer · 1/8 TL Tabasco

Shrimps schälen und Därme entfernen, Schwanzfächer dabei ganz lassen. Bier, Petersilie, Pflanzenöl, Worcestersauce, Knoblauch, Salz, Pfeffer und Tabasco in einer flachen Schüssel vermengen. Shrimps zugeben und unter die Flüssigkeit rühren. Zugedeckt im Kühlschrank 2–3 Stunden marinieren, dabei von Zeit zu Zeit umrühren.

Shrimps abgießen und die Marinade wegschütten. Shrimps auf 6 Grillspieße à 35 cm aufstecken (durch Hals und Schwanz stechen). Die Spieße flach auf den eingefetteten Grillrost des Ofens legen und drei Minuten unter der Grillschlange gratinieren, bis die Shrimps rosa werden (zweite Einschubleiste von oben, Ofentür einen Spalt offen lassen). Ergibt 6 Portionen.

»Mama hat immer gesagt, Schuhe können Dir über einen Menschen ganz schön viel erzählen ... wohin sie gehen, wo sie gewesen sind. Ich hab' schon sehr viele Schuhe angehabt.«

Mama Blues Kesselshrimps, Seite 9

Shrimpsauflauf nach Alabama-Art, Seite 15

Shrimp-Käsegratin »Bayou La Batre«
Bayou la Batre Shrimp Mornay

625 g ungeschälte frische große Shrimps (z.B. King Prawns)
250 g Jakobsmuscheln (ohne Schalen)
110 ml Chablis oder anderer trockener Weißwein
600 g Austern (ohne Schalen)
110 ml trockener weißer Wermut
1 EL feingehackte Zwiebel · 70 g flüssige Butter oder Margarine
45 g Weizenmehl · 450 ml Milch
60 g geriebener Parmesan · 60 g geraspelter Greyerzer
60 g geraspelter Emmentaler
1/4 TL Salz · 1/4 TL Pfeffer
1/8 TL geriebene Muskatnuß · 40 g zerstoßene Kräcker
60 g flüssige Butter oder Margarine
milder Paprika
<u>Zum Garnieren:</u> frische, feingehackte Petersilie

Shrimps schälen und Därme entfernen. Mit Jakobsmuscheln und Wein in einer mittelgroßen Pfanne mit hohem Rand aufkochen. Hitze reduzieren und 3 Minuten köcheln lassen. Flüssigkeit abgießen, Shrimps und Jakobsmuscheln gut abtropfen lassen, beiseite stellen. Das gleiche mit Austern und Wermut wiederholen. Shrimps, Jakobsmuscheln und Austern vermischen und auf 4 leicht gefettete Auflaufförmchen verteilen.

Butter in einer schweren Pfanne erhitzen. Zwiebel darin auf mittlerer Hitze unter Rühren weichdünsten. Hitze reduzieren, Mehl hinzufügen und klumpenfrei glattrühren. 1 Minute unter Rühren durchschwitzen lassen. Langsam die Milch zuge-

ben und auf mittlerer Hitze unter Rühren zum Kochen bringen, bis die Masse dick ist und Blasen schlägt. Parmesan, Greyerzer, Emmentaler, Salz, Pfeffer und Muskat hinzufügen und solange rühren, bis der Käse geschmolzen ist. Fertige Sauce über die 4 Portionen verteilen.

Kräcker und restliche Butter verrühren und auf die 4 gefüllten Förmchen verteilen. Mit Paprika bestreuen. Ohne Abdeckung bei 180°C 20 bis 30 Minuten im Ofen backen, bis die Oberfläche goldbraun und die Shrimp-Käsemasse gut durcherhitzt ist. Nach Geschmack mit feingehackter Petersilie garnieren.

Ergibt 4 Portionen.

»Unser Haus war nie leer. Es gab immer Leute, die kamen und gingen ...«

Jennys kleine Shrimp-Kasserollen

Jenny's Little Shrimp Casseroles

1,5 kg ungeschälte frische mittelgroße Shrimps (z.B. Grönland-Shrimps)
2 l Wasser · 1 EL Zitronensaft
75 g feingeschnittene grüne Paprikaschote · 40 g feingehackte Zwiebel
2 EL flüssige Butter oder Margarine
1 Dose (300 ml) Lauchcremesuppe, Konzentrat
60 ml Sahne · 50 ml Wasser · 60 ml trockener Sherry
1/2 TL Salz · 1/2 TL gemahlener weißer Pfeffer
700 g gekochter Reis · milder Paprika
<u>Zum Garnieren:</u> frische Petersilienzweige

Wasser zum Kochen bringen, Shrimps hinzufügen und 3–5 Minuten kochen, bis sie rosa sind. Wasser abgießen und Shrimps unter kaltem Wasser abschrecken. Im Kühlschrank abkühlen lassen. Shrimps schälen und Därme entfernen, dabei sechs Shrimps übrig lassen und beiseite stellen. Geschälte Shrimps mit Zitronensaft beträufeln und ebenfalls beiseite stellen.

Butter in einer Pfanne mit hohem Rand erhitzen. Paprikaschote und Zwiebel zugeben und auf mittlerer Hitze unter Rühren weichdünsten.

Lauchsuppe, Sahne, Wasser, Sherry, Salz und Pfeffer in einer großen Schüssel vermengen. Shrimps, Gemüsemischung und Reis unterrühren. Mischung auf 6 leicht gefettete Auflaufförmchen verteilen. Mit Paprika bestreuen. Ohne Abdeckung bei 180°C 15–20 Minuten im Ofen garen, bis die Shrimpsmischungen durcherhitzt sind und Blasen schlagen. Reispfännchen nach Geschmack mit übrigen Shrimps und Petersilienzweigen garnieren. Ergibt 6 Portionen.

Mamas Shrimp-Spaghetti
Mama's Shrimp Spaghetti

750 g ungeschälte frische mittelgroße Shrimps (z.B. Grönland-Shrimps)
1 l Wasser · 200 g sehr dünne Spaghetti oder Vermicelli-Fadennudeln
75 g Butter oder Margarine
60 g Weizenmehl · 150 ml Hühnerbrühe
150 g Schlagsahne · 90 g geraspelter Emmentaler
2 1/2 EL trockener Sherry
1/2 TL Salz · 1/8 TL gemahlener weißer Pfeffer
2 EL geriebener Parmesan · 2 EL Mandelblättchen

Wasser zum Kochen bringen, Shrimps hinzufügen und 3-5 Minuten kochen, bis sie rosa sind. Wasser abgießen, Shrimps unter kaltem Wasser abschrecken, gut abtropfen und im Kühlschrank abkühlen lassen. Shrimps schälen, Därme entfernen und beiseite stellen.

Nudeln nach Packungsvorschrift kochen, abgießen.

Butter in einer Pfanne auf kleiner Hitze schmelzen, Mehl einrühren. Eine Minute unter Rühren durchschwitzen lassen. Langsam Hühnerbrühe und Sahne zugeben und auf mittlerer Hitze unter Rühren zum Kochen bringen, bis die Masse dick wird. Emmentaler, Sherry, Salz und Pfeffer zufügen. Vom Herd nehmen, Shrimps und Nudeln unterrühren. Masse in eine 2-Liter-Auflaufform füllen, mit Parmesan und Mandelblättchen bestreuen. Ohne Abdeckung bei 180°C im Ofen 20 Minuten garen, bis die Masse heiß ist. Unter der Grillschlange 6 Minuten gratinieren, bis die Oberfläche leicht gebräunt ist (zweite Einschubleiste von oben, Ofentür einen Spalt offen lassen). Ergibt 6 Portionen.

Shrimp-Nudel-Auflauf
Shrimp and Noodle Bake

1 1/2 l Wasser
1 kg ungeschälte frische große Shrimps (z.B. King Prawns)
225 g Eiernudeln
75 g feingeschnittene Frühlingszwiebeln
40 g feingeschnittene grüne Paprikaschote
2 EL flüssige Butter oder Margarine
2 Dosen (600 ml) Champignoncremesuppe, Konzentrat
225 g Naturjoghurt
60 g geraspelter Cheddar-Käse (ersatzweise alter Gouda)
1 1/2 TL frischer gehackter oder 1/2 TL getrockneter Dill
1/2 TL gemahlener weißer Pfeffer · 1/4 TL Salz

Wasser zum Kochen bringen, Shrimps hinzufügen und 3 Minuten kochen, bis sie rosa sind. Wasser abgießen, Shrimps unter kaltem Wasser abschrecken, gut abtropfen und im Kühlschrank abkühlen lassen. Die Hälfte der Shrimps kleinschneiden, die andere Hälfte ganz lassen. Beiseite stellen.

Nudeln nach Packungsanweisung kochen, abgießen.

Butter in einem großen Topf erhitzen. Frühlingszwiebeln und Paprika zugeben und auf mittlerer Hitze unter Rühren weichdünsten. Suppe, Joghurt, Cheddar-Käse, Dill, weißen Pfeffer und Salz hinzufügen. Kleingeschnittene Shrimps und Nudeln unterheben. Masse in eine 2,5-Liter-Auflaufform füllen und die ganzgelassenen Shrimps darauf verteilen.

Ohne Abdeckung bei 180°C im Ofen 35 Minuten garen, bis der Auflauf durcherhitzt ist. Ergibt 6 Portionen.

Shrimp-Mini-Pizzas
Shrimp Pizza Wedges

350 ml Wasser
250 g ungeschälte frische mittelgroße Shrimps (z.B. Grönland-Shrimps)
2 TL Zitronensaft · 225 g Frischkäse
120 g geraspelter Cheddar-Käse (ersatzweise alter Gouda)
4 fein geschnittene Frühlingszwiebeln
2 grüne Peperoni, entkernt und feingehackt
2 durchgepreßte Knoblauchzehen
2 EL frischer Koriander · 1 TL gemahlener Kreuzkümmel (Cumin)
1 TL Chilipulver
9 Tortilla-Teiglinge (fertig gekauft)
<u>Zum Garnieren:</u> ganze Shrimps, frischer Koriander

Wasser zum Kochen bringen, Shrimps hinzufügen und 3–5 Minuten kochen, bis sie rosa sind. Wasser abgießen, Shrimps unter kaltem Wasser abschrecken, gut abtropfen und im Kühlschrank abkühlen lassen. Shrimps schälen und Därme entfernen. Shrimps mit Zitronensaft beträufeln. Zugedeckt 30 Minuten kühl stellen.

Shrimps und Zitronensaft, Frischkäse, Cheddar-Käse, Frühlingszwiebel, Peperoni, Knoblauch, Koriander, Kreuzkümmel und Chilipulver im Mixer oder mit dem Pürierstab eine Minute auf mittlerer Stufe pürieren, bis die Masse cremig ist.

Tortilla-Teiglinge auf Backbleche legen und auf jedem ca. 60 Gramm der Shrimpsmasse verteilen. Bei 180°C im Ofen 8–10 Minuten backen, bis die Teigränder braun werden. Jede Minipizza in Achtel aufschneiden. Mit ganzen Shrimps und frischem Koriander garnieren und warm servieren. Ergibt 72 Stück.

Shrimp-Greyerzer-Käsekuchen
Shrimp-Gruyère Cheesecake

100 g zerstoßene Salzkräcker
60 g flüssige Butter oder Margarine
750 g ungeschälte frische mittelgroße Shrimps (z.B. Grönland-Shrimps)
50 g sehr fein geschnittene grüne Paprikaschote
50 g sehr fein geschnittene rote Paprikaschote
40 g sehr fein gehackte Zwiebel
1 große durchgepreßte Knoblauchzehe
3 EL flüssige Butter oder Margarine · 450 g Frischkäse
110 g Mayonnaise · 4 große Eier (200 g)
75 ml Milch · 140 g geraspelter Greyerzer oder Emmentaler
1 TL gemahlener weißer Pfeffer
italienische Tomatensauce (siehe Seite 28)
Zum Garnieren: in Streifen geschnittene rote Paprikaschote, ganze Shrimps, frische Basilikumzweige

Kräcker und flüssige Butter vermischen, Masse auf dem Boden einer Springform (24 cm Durchmesser) verteilen und fest andrücken. Beiseite stellen.

Shrimps schälen und Därme entfernen, kleinschneiden. Restliche Butter in einer Pfanne mit hohem Rand erhitzen. Shrimps, feingehackte Paprika, Zwiebel und Knoblauch zugeben und unter Rühren auf mittlerer Hitze 4-5 Minuten dünsten, bis die Shrimps gar sind und das Gemüse weich ist. Bratflüssigkeit abgießen, Shrimps-Gemüsemischung gut abtropfen lassen und beiseite stellen.

Frischkäse und Mayonnaise im Mixer auf höchster Stufe verquirlen, bis die Masse cremig ist, dann nacheinander die Eier zufügen. Auf niedriger Stufe langsam

die Milch zugeben und gut unterrühren. Shrimp-Gemüsemischung und Greyerzer unterheben, mit weißem Pfeffer würzen.

Masse in die vorbereitete Springform füllen und im Ofen bei 150°C rund 80 Minuten backen, bis sie fest ist. Ofen ausschalten und den Kuchen bei leicht geöffneter Ofentür noch 1 Stunde ruhen lassen.

Kuchen aus der Springform nehmen und auf einem Kuchengitter auskühlen lassen. Mit Klarsichtfolie abdecken und mindestens 8 Stunden kühl stellen.

Ergibt 8 Portionen.

Italienische Tomatensauce

40 g feingehackte Zwiebel
1 durchgepreßte Knoblauchzehe · 1 EL Olivenöl
2 Dosen (800 ml) Tomaten, abgetropft und kleingeschnitten
1 1/2 Teelöffel italienische Kräutermischung · 1 Lorbeerblatt

Öl in eine große Pfanne mit hohem Rand geben. Zwiebeln und Knoblauch darin auf mittlerer Hitze unter Rühren weichdünsten. Tomaten, Kräutermischung und Lorbeerblatt zugeben und zum Kochen bringen. Hitze reduzieren und ohne Deckel rund 20 Minuten köcheln lassen, bis fast die gesamte Flüssigkeit verdampft ist. Lorbeerblatt entfernen. Ergibt ca. 500 ml Sauce.

Shrimp-Miniquiches
Miniature Shrimp Quiches

120 g geraspelter Emmentaler
110 g feingehackte gekochte Shrimps
2 EL feingehackter Schnittlauch · 1/2 TL getrockneter Thymian
36 Mini-Pastetchen, ungebacken (siehe Seite 30)
2 große Eier (100 g), verrührt
60 ml Sahne · 50 ml Wasser
1/4 TL Salz · 1/4 TL schwarzer Pfeffer
1/4 TL geriebene Muskatnuß · 1 Spritzer Tabasco

Emmentaler, Shrimps, Schnittlauch und Thymian vermischen und gleichmäßig auf die Pastetchen verteilen. Eier, Sahne, Milch, Salz, Pfeffer, Muskatnuß und Tabasco verrühren und ebenfalls auf die Pastetchen verteilen. Bei 180°C im Ofen 30-35 Minuten backen, bis die Pastetenmasse fest ist.
Ergibt 36 Stück.

»Mama konnte immer alle Sachen so erklären, daß ich sie verstehen konnte. Mama war eine richtig schlaue Lady.«

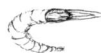

Mini-Pastetchen

110 g weiche Butter oder Margarine
225 g Frischkäse
270 g Weizenmehl
1/4 TL Salz

Butter und Frischkäse im Mixer auf mittlerer Stufe gut verrühren. Mehl und Salz zugeben und unterkneten. Zugedeckt 1 Stunde kühl stellen. Aus dem Teig Kugeln mit einem Durchmesser von rund 2,5 cm formen. Kugeln in ungefettete Pasteten- bzw. Tortenförmchen drücken.
Ergibt 36 Stück.

»Denk immer an das, was ich Dir gesagt habe, Forrest ... Du bist nicht anders als die anderen.«

Shrimps gegrillt

Zitronen-Knoblauch-Shrimp-Kebabs
Lemon-Garlic Shrimp Kabobs

1 kg ungeschälte frische Riesen-Shrimps (z.B. Tiger Prawns)
1 mittelgroße, in Würfel geschnittene Zwiebel
4 durchgepreßte Knoblauchzehen
110 ml Pflanzenöl · 70 ml Zitronensaft
3 EL Sojasauce · 2 TL Ingwerpulver

Shrimps schälen, Schwanzfächer dabei ganz lassen. Nach Wunsch Därme entfernen.

Zwiebel, Knoblauch, Pflanzenöl, Zitronensaft, Sojasauce und Ingwer in einer großen flachen Schüssel verrühren. Shrimps unterheben, so daß sie von der Flüssigkeit bedeckt sind. Zugedeckt im Kühlschrank 2–3 Stunden marinieren, dabei gelegentlich umrühren.

Shrimps abgießen und Flüssigkeit wegschütten. Shrimps auf 6 Grillspieße à 35 cm stecken (durch Hals und Schwanz stechen). Die Spieße auf den Rost des Holzkohlengrills legen und bei mittlerer Hitze (180–200°C) von beiden Seiten 3–4 Minuten grillen, bis die Shrimps rosa sind.
Ergibt 4–6 Portionen.

*»Also meine Mama hat immer gesagt, Wunder passieren an jedem
Tag. Es gibt Leute, die glauben nicht dran, aber es ist so.«*

Limetten-Shrimps vom Holzkohlengrill
Lime-Barbecued Shrimp

1 kg ungeschälte frische Riesen-Shrimps (z.B. Tiger Prawns)
180 ml flüssige Butter oder Margarine
60 ml frischgepreßter Limettensaft

Shrimps schälen, Schwanzfächer dabei ganz lassen. Nach Wunsch Därme entfernen.

Butter und Limettensaft in einem Pfännchen verrühren. Shrimps nacheinander eintauchen. Shrimps auf 6 Grillspieße à 35 cm stecken (durch Hals und Schwanz stechen). Die Spieße auf den Rost des Holzkohlengrills legen und bei mittlerer Hitze (180–200°C) von beiden Seiten 3–4 Minuten grillen, bis die Shrimps rosa sind.

Restliche Limettenbutter im Pfännchen auf dem Herd aufkochen und zu den Shrimps servieren.

Ergibt 4–6 Portionen.

Gegrillte Tapferkeitsmedaillen-Shrimps
Medal of Honor Shrimp Grill

1 kg ungeschälte frische Riesen-Shrimps (z.B. Tiger Prawns)
75 ml trockener Sherry · 75 ml Sesamöl
75 ml Sojasauce · 1/2 TL Zucker
1/4 TL Knoblauchpulver · 1/4 TL Ingwerpulver

Shrimps schälen, Schwanzfächer dabei ganz lassen. Nach Wunsch Därme entfernen.

Sherry, Sesamöl, Sojasauce, Zucker, Knoblauch und Ingwer in einer großen flachen Schüssel verrühren. Shrimps unterheben, so daß sie mit Marinade bedeckt sind. Zugedeckt im Kühlschrank 2–3 Stunden marinieren, dabei gelegentlich umrühren.

Shrimps abgießen, Marinade auffangen. Marinade auf großer Hitze zum Kochen bringen, dann beiseite stellen.

Shrimps auf 6 Grillspieße à 35 cm stecken (durch Hals und Schwanz stechen). Die Spieße auf den Rost des Holzkohlengrills legen und bei mittlerer Hitze (180–200°C) von beiden Seiten 3–4 Minuten grillen, bis die Shrimps rosa sind, dabei mehrere Male mit der übrigen Marinade bepinseln.

Ergibt 4–6 Portionen.

»Ich weiß noch ganz genau, wann ich das erste Mal die süßeste Stimme auf der ganzen Welt gehört habe. Sie war wie ein Engel. Ich hatte noch nie in meinem Leben etwas so Schönes gesehen.«

Salat mit gegrillten Orangen-Shrimps

Grilled Orange Shrimp Salad (Foto Seite 37)

30 ungeschälte große Shrimps (z.B. King Prawns)
225 ml Orangensaft
2 EL feingehacktes frisches Basilikum
6 Portionen gemischte Salate (z.B. Romana, Lollo Rosso, Radicchio, Frisée-Salat)
Koriander-Limetten-Dressing (siehe Seite 36)
15 gelbe Cocktailtomaten, halbiert · 15 rote Cocktailtomaten, halbiert
2 Salatgurken, in dünne Scheiben geschnitten

Shrimps schälen und Därme entfernen. Orangensaft und Basilikum verrühren. Shrimps unterheben, so daß sie mit Marinade bedeckt sind. Zugedeckt 1 Stunde kühl stellen, dabei gelegentlich umrühren.

Shrimps abgießen und Marinade wegschütten. Shrimps auf 6 Grillspieße à 35 cm stecken (durch Hals und Schwanz stechen). Die Spieße auf den Rost des Holzkohlengrills legen und bei mittlerer Hitze (180–200°C) von beiden Seiten 3–4 Minuten grillen, bis sie durch sind. Dressing über die Salate gießen, unterheben und auf sechs große Teller verteilen. Shrimps, Tomaten und Gurkenscheiben darauf anrichten.

Ergibt 6 Portionen.

»Mein Name ist Forrest Gump ... Mich nennen alle Forrest Gump.«

Koriander-Limetten-Dressing

60 g Zucker · 60 ml Olivenöl, erste Pressung
2 EL frischgepreßter Limettensaft
1 1/2 Teelöffel frischer feingehackter Koriander
1 feingehackte Schalotte
1 durchgepreßte Knoblauchzehe

Zucker, Olivenöl, Limettensaft, Koriander, Schalotte und Knoblauch verrühren, im Mixer aufschlagen. Ergibt ca. 200 ml Sauce.

Jennys Neumexiko-Shrimps
Jenny's Southwestern Shrimp

1 kg ungeschälte große Shrimps (z.B. King Prawns)
75 ml frischgepreßter Limettensaft · 75 ml Olivenöl
2 EL frischer feingehackter Koriander
2 EL Tequila · 1/4 TL Salz · 1/4 TL schwarzer Pfeffer
1 grüne Peperoni, entkernt und feingehackt
1 durchgepreßte Knoblauchzehe

Shrimps schälen, Schwanzfächer dabei ganz lassen. Nach Wunsch Därme entfernen. Limettensaft, Olivenöl, Koriander, Tequila, Salz, Pfeffer, grüne Pfefferschote und Knoblauchzehe in einer flachen Schüssel verrühren. Shrimps unterheben, so daß sie mit Marinade bedeckt sind. Zugedeckt im Kühlschrank 2–3 Stunden marinieren, dabei gelegentlich umrühren.

Salat mit gegrillten Orangen-Shrimps, Seite 35

Shrimp-Gemüse-Kebabs, Seite 39

Shrimps abgießen, Marinade auffangen und auf großer Hitze zum Kochen bringen, dann beiseite stellen.

Shrimps auf 6 Grillspieße à 35 cm stecken (durch Hals und Schwanz stechen). Die Spieße auf den Rost des Holzkohlengrills legen und bei mittlerer Hitze (180–200°C) von beiden Seiten 3–4 Minuten grillen, bis die Shrimps rosa sind, dabei mehrere Male mit der übrigen Marinade bepinseln.

Ergibt 4–6 Portionen.

Shrimp-Gemüse-Kebabs

Shrimp and Vegetable Kabobs (Foto Seite 38)

750 g ungeschälte frische mittelgroße Shrimps (z.B. Grönland-Shrimps)
225 ml (1 Flasche) italienisches Salat-Dressing
30 g geriebener Parmesan
60 ml Wasser · 1/2 TL gemahlener roter Pfeffer
8 Gemüsezwiebeln
16 kleine frische Champignons
2 kleine Zucchini, in 2,5 cm dicke Scheiben geschnitten
1 große rote Paprikaschote, in 2,5 cm große Stücke geschnitten

Shrimps schälen, Schwanzfächer dabei ganz lassen. Nach Wunsch Därme entfernen.

»Alle nennen mich Bubba ... so wie die Weißen zueinander sagen.
Wie findest Du das?«

Salatdressing, Parmesan, Wasser und Pfeffer in einer flachen Schüssel verrühren. Shrimps unterheben, so daß sie von der Flüssigkeit bedeckt sind. Zugedeckt im Kühlschrank 3–4 Stunden marinieren, dabei gelegentlich umrühren.

Zwiebeln in Wasser 5 Minuten vorkochen, abgießen, gut abtropfen lassen und beiseite stellen.

Shrimps abgießen, Marinade dabei auffangen und auf großer Hitze zum Kochen bringen, dann beiseite stellen.

Shrimps und Gemüse abwechselnd auf 6 Grillspieße à 35 cm stecken. Die Spieße auf den Rost des Holzkohlengrills legen und bei mittlerer Hitze (180–200°C) von beiden Seiten 3–4 Minuten grillen, bis die Shrimps rosa sind, dabei mehrere Male mit der übrigen Marinade bepinseln.

Ergibt 4 Portionen.

»Ich lehn' mich bei Dir an, und Du lehnst Dich dafür bei mir an.
Dann brauchen wir wenigstens nicht mit dem Kopf im
Schlamm zu pennen.«

Shrimps gekocht

Pikanter Shrimpdip
Spicy Shrimp Dip

350 ml Wasser
250 g ungeschälte frische mittelgroße Shrimps (z.B. Grönland-Shrimps)
90 g Frischkäse · 225 g saure Sahne
1 Päckchen (20 g) Würzmischung »italienisches Salatdressing«
2 EL feingeschnittene grüne Paprikaschote
2 TL Zitronensaft

Wasser zum Kochen bringen, Shrimps zufügen und 3–5 Minuten kochen, bis die Shrimps rosa sind. Shrimps abgießen, mit kaltem Wasser abschrecken, gut abtropfen lassen, kühl stellen. Shrimps schälen, Därme entfernen und kleinschneiden.

Frischkäse im Mixer auf mittlerer Stufe cremig rühren. Saure Sahne, Shrimps, Würzmischung, Paprikaschote und Zitronensaft unterrühren. Mit Klarsichtfolie abdecken und im Kühlschrank mindestens 1 Stunde ziehen lassen.

Mit frischem Rohkostgemüse servieren.

Ergibt ca. 350 g Dip.

»Weißt Du, an was ich denke, Forrest? An Shrimps, Shrimps und nochmals Shrimps! Wie es ist, draußen beim Fischen. Deine einzige Sorge – der Wind und das Meer. Da merkst Du, daß Du lebst, Forrest, wie Du es sonst nie mitkriegst.«

Cremigzarte Shrimpbutter
Real Smooth Shrimp Butter

600 ml Wasser
375 g ungeschälte frische mittelgroße Shrimps (z.B. Grönland-Shrimps)
110 g weiche Butter
1 großes hartgekochtes Ei (100 g), grobgehackt
90 g Frischkäse · 40 g grobgehackte Zwiebel
60 g Mayonnaise oder weißes Salatdressing
1/8 TL Salz · 1/8 TL schwarzer Pfeffer
1/8 TL Worcestersauce · 1 Knoblauchzehe

Wasser zum Kochen bringen, Shrimps zufügen und 3–5 Minuten kochen lassen, bis sie rosa sind. Shrimps abgießen, gut abtropfen lassen, unter kaltem Wasser abschrecken. Kühl stellen. Schälen, Därme entfernen und kleinschneiden.

Shrimps, Butter, Ei, Frischkäse, Zwiebel, Mayonnaise, Salz, Pfeffer, Worcestersauce und Knoblauch verrühren und im Mixer oder mit dem Pürierstab cremig schlagen.

Eine Schüssel (500 g Inhalt) oder Pastetenform mit starker Klarsichtfolie auskleiden, wobei die Folie an den Rändern mindestens 5 cm überstehen sollte. Shrimpmasse einfüllen. Zugedeckt mindestens 4 Stunden kühl stellen.

Shrimpbutter auf eine Platte stürzen, Form entfernen, Klarsichtfolie vorsichtig abziehen. Falls nötig, Oberfläche der Butter mit einem Messer glattstreichen. Vor dem Servieren 20–30 Minuten bei Raumtemperatur stehen lassen. Mit Salzkräckern und anderem Knabbergebäck servieren.

Ergibt ca. 350 g Shrimpbutter.

Schneller Shrimp-Aufstrich

Zippy Shrimp Spread

700 ml Wasser
500 g ungeschälte frische mittelgroße Shrimps (z.B. Grönland-Shrimps)
200 g Frischkäse
75 ml Tomatenketchup
1 TL geriebene Zwiebel
1 TL Meerettich (Glas)
1/2 TL gemahlener roter Pfeffer
1/2 TL Worcestersauce

Wasser zum Kochen bringen, Shrimps zufügen und 3–5 Minuten kochen, bis die Shrimps rosa sind. Shrimps abgießen, gut abtropfen lassen, unter kaltem Wasser abschrecken. Kühl stellen. Schälen und Därme entfernen. 3 Shrimps für die Garnierung beiseite legen, restliche Shrimps kleinschneiden und ebenfalls beiseite stellen.

Frischkäse, Tomatenketchup, Zwiebel, Meerettich, Paprikapulver, Pfeffer und Worcestersauce verrühren und im Mixer oder mit dem Pürierstab auf mittlerer Stufe cremig schlagen. Kleingeschnittene Shrimps unterheben. Masse in eine kleine Servierschüssel füllen. Zugedeckt mindestens zwei Stunden kühl stellen. Mit übrigen ganzen Shrimps garnieren, mit Kräcker und anderem Knabbergebäck servieren. Ergibt ca. 350 g Shrimp–Aufstrich.

Ziemlich leckere Shrimp-Käse-Kugel
Mighty Nice Shrimp Cheese Ball

700 ml Wasser
500 g ungeschälte frische mittelgroße Shrimps (z.B. Grönland-Shrimps)
225 g Frischkäse
1 EL Meerettich (Glas) · 1 EL Zitronensaft
2 TL geriebene Zwiebel · 1 TL Räuchersalz (Hickory-Salz)
60 feingehackte geröstete Pecannüsse
2 TL feingehackte frische Petersilie

Wasser zum Kochen bringen, Shrimps zufügen und 3–5 Minuten kochen, bis die Shrimps rosa sind. Shrimps abgießen, gut abtropfen lassen, unter kaltem Wasser abschrecken. Kühl stellen. Schälen, Därme entfernen und kleinschneiden.

Shrimps, Frischkäse, Meerettich, Zitronensaft, Zwiebel und Räuchersalz in einer Schüssel gut verrühren. Zugedeckt mindestens 1 Stunde kühl stellen. Aus der Masse eine Kugel formen, in Klarsichtfolie wickeln und im Kühlschrank gut durchkühlen lassen.

Pecannüsse und Petersilie vermischen, Kugel darin rollen. Shrimps–Käse-Kugel mit Salzkräckern und anderem Knabbergebäck servieren.

Ergibt eine Kugel mit ca. 10 cm Durchmesser.

»Bubba war mein bester guter Freund ... und sowas gibt es nicht sehr oft.«

Geschichtetes Shrimps-Hors d'Oeuvre
Layered Shrimp Appetizer

500 ml Wasser
375 g ungeschälte frische mittelgroße Shrimps (z.B. Grönland-Shrimps)
225 g Frischkäse · 110 g saure Sahne
1/4 TL Zwiebelsalz
1 Prise gemahlener roter Pfeffer
70 ml Chilisauce
1 1/2 TL Worcestersauce · 3/4 TL Zitronensalz
1/2 TL Meerettich (Glas)
<u>Zum Garnieren:</u> frische Petersilienzweige, Zitronenscheiben

Wasser zum Kochen bringen, Shrimps zufügen und 3–5 Minuten kochen, bis die Shrimps rosa sind. Shrimps abgießen, unter kaltem Wasser abschrecken., gut abtropfen lassen, kühl stellen. Schälen, Därme entfernen. 2/3 der Shrimps kleinschneiden, restliche Shrimps ganz lassen. Shrimps zugedeckt kühl stellen.
Frischkäse im Mixer oder mit dem Pürierstab auf mittlerer Stufe cremig rühren. Saure Sahne, Zwiebelsalz und Paprikapulver zufügen, gut unterrühren. Mischung auf eine Platte streichen, dabei einen Kreis mit 10 cm Durchmesser formen. Zugedeckt mindstens 30 Minuten kühl stellen.
Chilisauce, Worcestersauce, Zitronensaft und Meerettich gut verrühren und auf die Frischkäsemasse streichen. Kleingeschnittene Shrimps darüberstreuen, zuletzt ganze Shrimps drauflegen. Nach Geschmack garnieren. Zugedeckt kühl stellen. Mit Salzkräckern und anderem Knabbergebäck servieren.
Ergibt ca. 700 Gramm.

Bubba Gumps Shrimpcocktail
Bubba Gump's Shrimp Cocktail

1,5 l Wasser
2 EL Salz · 2 Lorbeerblätter
1 Zitrone, in Hälften geschnitten
1 Stangensellerie, in 7,5 cm große Stücke geschnitten
1 kg ungeschälte frische mittelgroße Shrimps (z.B. Grönland-Shrimps)
400 g kleingeschnittener grüner Salat (nach Geschmack)
Bubbas Cocktailsauce (siehe Seite 111)
<u>Zum Garnieren:</u> Zitronenschnitze

Wasser, Salz, Lorbeerblätter, Zitrone und Stangensellerie in einem großen Topf zum Kochen bringen. Shrimps zufügen und 3–5 Minuten kochen, bis die Shrimps rosa sind. Shrimps abgießen, unter kaltem Wasser abschrecken, gut abtropfen lassen. Schälen, Därme entfernen und kühl stellen.

Kleingeschnittenen Salat auf Vorspeisentellern anrichten (oder weglassen). Shrimps draufhäufen, mit Bubbas Cocktailsauce servieren. Nach Geschmack mit den Zitronenschnitzen garnieren.

Ergibt eine Vorspeise für 8–10 Personen.

»Forrest, was hältst Du davon, wenn Du mit mir ins Shrimpgeschäft einsteigst?«

Gefüllte Shrimps mit feurigem Käse
Shrimp with Jalapeño Cheese

1 kg ungeschälte frische große Shrimps
1,5 l Wasser
225 g Frischkäse
2 eingelegte grüne Peperoni, entkernt und feingehackt
1 durchgepreßte Knoblauchzehe
2 TL feingehackter frischer Koriander
1/4 TL Salz · 1/8 TL schwarzer Pfeffer

Shrimps schälen, dabei Schwanzfächer und anhängende letzte Seitenplatte ganz lassen. Mit einem Pariermesser am Rücken entlang tief einschneiden (nicht durchschneiden!), Därme entfernen.

Wasser zum Kochen bringen, Shrimps zufügen und 3–5 Minuten kochen, bis die Shrimps rosa sind. Shrimps abgießen, unter kaltem Wasser abschrecken., gut abtropfen lassen, kühl stellen.

Frischkäse, Peperoni, Knoblauch, Koriander, Salz und Pfeffer gut verrühren. Käsemasse in einen Spritzbeutel mit mittelgroßer Tülle geben, Rückenschlitze der Shrimps damit füllen.

Ergibt ca. 16–18 Vorspeisenhäppchen.

»Also, ich hab das alles schon durchgerechnet. Soundso viel Pfund Shrimps, um das Boot abzubezahlen, soundso viel Pfund für Diesel. Wohnen können wir ja auf dem Boot. Ich bin der Kapitän, aber wir machen alles zusammen.«

Lieutenant Dans Zitronenshrimps
Lt. Dan's Lemon Shrimp

20 ungeschälte frische große Shrimps (z.B. King Prawns)
60 g Butter oder Margarine
180 g abgetropftes frisches Krebsfleisch, kleingeschnitten
60 ml trockener weißer Wermut
2 EL sehr feingehackte frische Petersilie
1 1/2 EL Zitronensaft
2 durchgepreßte Knoblauchzehen
<u>Zum Garnieren:</u> frische Petersilienzweige, Zitronenschnitze

Shrimps schälen, Därme entfernen, Schwanzfächer dabei ganz lassen. Beiseite stellen.

Butter in einer Pfanne mit hohem Rand zerlassen. Shrimps, Krabbenfleisch, Wermut, Petersilie, Zitronensaft und Knoblauch zugeben und zum Kochen bringen. Hitze reduzieren und ohne Deckel 4–5 Minuten köcheln lassen.

Mischung auf vier Vorspeittenteller verteilen: Krabbenfleisch in die Mitte setzen und Shrimps rundherum anrichten. Nach Geschmack garnieren.

Ergibt eine Vorspeise für 4 Personen.

»Wir teilen alles immer genau durch zwei ... Und soviel Shrimps, wie Du nur essen kannst.«

Smiley Shrimps
Smiley Face Shrimp

3 l Wasser
1 große Zitrone in Scheiben
2 kg ungeschälte frische große Shrimps (z.B. King Prawns)
450 ml Pflanzenöl · 60 ml Tabasco
1 EL durchgepreßter Knoblauch
1 EL Olivenöl · 1 1/2 TL Salz
1 1/2 TL Kräuter der Provence · 1 1/2 TL getrocknetes Basilikum
1 1/2 TL getrockneter Oregano · 1 1/2 TL getrockneter Thymian
1 1/2 TL sehr feingehackte frische Petersilie

Wasser mit Zitronenscheiben zum Kochen bringen, Shrimps zufügen und 3–5 Minuten kochen, bis die Shrimps rosa sind. Shrimps abgießen, gut abtropfen lassen, unter kaltem Wasser abschrecken. Kühl stellen. Schälen, Därme entfernen, danach Shrimps in eine flache Schüssel geben.

Pflanzenöl, Tabasco, Knoblauch, Olivenöl, Salz und Kräuter gut verrühren und über die Shrimps gießen. Mit Klarsichtfolie abdecken und 8 Stunden kühl stellen. Shrimps vor dem Servieren abgießen.

Ergibt 25 Vorspeisenhäppchen.

*»Bubba war mein bester guter Freund. Und sogar ich weiß, daß man
so etwas nicht an der nächsten Straßenecke finden kann.«*

Getarnte Shrimps in Zwiebelmarinade
Camouflage Shrimp-in-a-Pickle

1,5 l Wasser
1,25 kg ungeschälte frische mittelgroße Shrimps (z.B. Grönland-Shrimps)
3 mittelgroße Zwiebeln, in Scheiben geschnitten
225 ml Pflanzenöl
110 ml Rotweinessig · 110 ml Estragonessig
2 EL Zucker
2 1/2 EL eingelegte Kapern, mit Flüssigkeit
1 EL Zitronensaft · 1 EL Worcestersauce
1/2 TL Salz · 3/4 TL Tabasco
8 zerstoßene Lorbeerblätter

Wasser zum Kochen bringen, Shrimps zufügen und 3–5 Minuten kochen, bis die Shrimps rosa sind. Shrimps abgießen, unter kaltem Wasser abschrecken, gut abtropfen lassen, Schälen, Därme entfernen und kühl stellen.

Shrimps und Zwiebelringe lagenweise in eine luftdicht verschließbare Plastikschüssel schichten. Pflanzenöl, Rotwein und Estragonessig, Zucker, Kapern, Zitronensaft, Worcestersauce, Salz, Tabasco und Lorbeerblätter vermengen und über Shrimps und Zwiebeln gießen. Schüssel verschließen und Shrimps-Zwiebelmischung 24 Stunden kühl stellen, dabei gelegentlich umrühren. Vor dem Servieren abgießen.

Ergibt eine Vorspeise für 10 Personen.

Federleichte Shrimp-Biskuitrolle
Feather Soufflé Roll

70 g Weizenmehl
350 ml Milch · 3 Eigelb
3/4 TL Salz
1/8 TL gemahlener weißer Pfeffer
1/8 TL geriebene Muskatnuß
4 Eiweiß · Shrimpfüllung (siehe Seite 54)
<u>Zum Garnieren:</u> Ganze Shrimps, frische Petersilienzweige

Boden und Seitenwände einer Biskuitform (ca. 35x25x2,5 cm) mit Pflanzenöl fetten. Boden der Form mit Backpapier auslegen, seitlich einen kleinen Rand hochstehen lassen. Backpapier ebenfalls fetten, Form mit Mehl ausstäuben. Beiseitestellen.

Mehl und 1/3 der Milch in einem kleinen Topf gut verrühren. Restliche Milch einrühren und unter Rühren auf mittlerer Hitze zum Kochen bringen, bis die Masse dick wird. Eigelbe im Mixer auf höchster Stufe hellgelb schaumig schlagen. Langsam ein Viertel der heißen Mehl-Milchmasse unter die Eigelbe rühren. Diese Mischung unter Rühren zur restlichen Mehl-Milchmasse geben. Mit Salz, Pfeffer und Muskatnuß würzen. In eine große Schüssel umgießen und abkühlen lassen.

Eiweiß steifschlagen, unter die abgekühlte Eigelbmasse heben. Biskuitteig in die vorbereitete Form einfüllen, glattstreichen und im Ofen bei 190°C 20–25 Minuten backen, bis die Oberfläche leicht gebräunt ist.

Biskuit aus dem Ofen nehmen, Seiten mit einem Pfannenheber vom Rand der

Form lösen. Oberfläche sofort mit einem feuchten Küchentuch bedecken und Biskuit stürzen, so daß die Form abgehoben werden kann. Backpapier vorsichtig abziehen.

Biskuit mit frischem Backpapier bedecken und von der langen Seite her mit dem Handtuch aufrollen. Auf einem Kuchengitter auskühlen lassen, 3–4 Stunden kühl stellen.

Biskuit vorsichtig wieder ausrollen, mit Shrimpfüllung bestreichen. Wieder aufrollen und in Klarsichtfolie wickeln. 3 Stunden kühl stellen. Klarsichtfolie abziehen, Biskuitrolle mit einem scharfen Messer in ca. 27 Stücke schneiden (à 1,25 cm). Nach Geschmack garnieren.

Ergibt eine Vorspeise für 9 Personen.

»Hätt' ich gewußt, daß ich zum letzten Mal mit Bubba reden konnte, hätte ich mir was Besseres einfallen lassen.«

Shrimpfüllung

350 ml Wasser
250 ml ungeschälte frische mittelgroße Shrimps (z.B. Grönland-Shrimps)
90 g Frischkäse · 2 EL saure Sahne
1 TL Meerrettich
3 Tropfen Tabasco
1 Prise Salz · 1 Prise Knoblauchpulver
2 EL feingehackte Frühlingszwiebeln

Wasser zum Kochen bringen, Shrimps zufügen und 3–5 Minuten kochen, bis die Shrimps rosa sind. Shrimps abgießen, gut abtropfen lassen, unter kaltem Wasser abschrecken. Kühl stellen. Schälen, Därme entfernen und kleinschneiden. Beiseite stellen.

Frischkäse, saure Sahne, Meerrettich, Tabasco, Salz und Knoblauchpulver im Mixer auf mittlerer Stufe cremig rühren. Kleingeschnittene Shrimps und Frühlingszwiebeln unterheben.

Ergibt ca. 350 g Füllung.

»Das einzig Gute bei einer Verwundung ist das Eis. Die haben mir soviel Eis gegeben, wie ich essen konnte.«

Villenviertel-Shrimpsalat
Uptown Shrimp Salad

700 ml Wasser
500 g ungeschälte frische mittelgroße Shrimps (z.B. Grönland-Shrimps)
3 EL Sherryessig oder Rotweinessig
1 TL Zucker
1 TL abgeriebene Orangenschale
1 durchgepreßte Knoblauchzehe
75 ml Olivenöl
2 Navelorangen
200 g grüne Oliven mit Paprikafüllung, in Scheiben geschnitten
5 Portionen Kopfsalat
5 Portionen gemischte andere Blattsalate (z.B. Radicchio, Batavia, Lollo Rosso)
2 kleingeschnittene Frühlingszwiebeln

Wasser zum Kochen bringen, Shrimps zufügen und 3–5 Minuten kochen, bis die Shrimps rosa sind. Shrimps abgießen, gut abtropfen lassen, unter kaltem Wasser abschrecken. Kühl stellen. Schälen, Därme entfernen, beiseite stellen.

Essig, Zucker, Orangenschale und Knoblauch in einer großen Salatschüssel verrühren, Olivenöl mit dem Schneebesen gut unterschlagen. Beiseite stellen.

Orangen schälen und in 1 cm dicke Scheiben schneiden, vierteln. Orangen, Shrimps und Oliven unter das Dressing heben. Zugedeckt mindestens 1 Stunde kühl stellen.

Vor dem Servieren vorsichtig Salate und Frühlingszwiebeln unter die Shrimpsmischung heben.

Ergibt 8 Portionen.

Mamas bester Shrimp-Louis-Salat

Mama's Best Shrimp Louis

1,5 l Wasser
1 kg ungeschälte frische mittelgroße Shrimps (z.B. Grönland-Shrimps)
110 g Mayonnaise oder weißes Salatdressing
2 EL feingeschnittene Frühlingszwiebeln
2 EL feingeschnittene grüne Paprikaschote
1 großes hartgekochtes Ei (50 g), feingehackt
1 TL feingehackte frische rote Peperoni
1/2 TL Zitronensaft · 1/2 TL Salz
1/2 TL schwarzer Pfeffer · Friséesalat · kleingeschnittener Eissalat

Wasser zum Kochen bringen, Shrimps zufügen, 3–5 Minuten kochen, bis die Shrimps rosa sind. Shrimps abgießen, gut abtropfen lassen, unter kaltem Wasser abschrecken. Kühl stellen. Schälen, Därme entfernen, zugedeckt nochmals kühl stellen.

Mayonnaise, Frühlingszwiebeln, Paprikaschote, Ei, Peperoni, Zitronensaft, Salz und Pfeffer gut verrühren. Sauce über die Shrimps gießen und unterheben. Eine große Schale oder Salatschüssel mit dem Friséesalat auskleiden, kleingeschnittenen Eisbergsalat daraufhäufen. Shrimpmischung gleichmäßig auf dem Eisbergsalat verteilen. Ergibt 6 Portionen.

»Als ich wieder nach Hause kam, da war ich eine nationale Berühmtheit ... Ich war sogar noch berühmter als Pinocchio.«

Mrs. Blues Shrimpsalat
Mrs. Blue's Shrimp Salad

1 l Wasser
750 g ungeschälte frische große Shrimps (z.B. King Prawns)
75 g feingehackte grüne Paprikaschote
75 g grüne Oliven mit Paprikafüllung, in Scheibchen geschnitten
110 ml fertiges italienisches Salatdressing
40 g feingehackter Stangensellerie
3 EL süßsaures Gurkenrelish
2 EL Olivenöl
2 TL sehr feingehackte frische Petersilie
1 1/2 TL Zitronensaft
1 sehr feingehackte Frühlingszwiebel
Friséesalat · kleingeschnittener Eisbergsalat

Wasser zum Kochen bringen, Shrimps zufügen und 3–5 Minuten kochen lassen, bis die Shrimps rosa sind. Shrimps abgießen, gut abtropfen lassen, unter kaltem Wasser abschrecken. Kühl stellen. Schälen, Därme entfernen und Shrimps in eine große flache Schüssel geben. Paprika, Oliven, Salatdressing, Stangensellerie, Gurkenrelish, Olivenöl, Petersilie, Zitronensaft und Frühlingszwiebel verrühren und darübergießen. Shrimps unter die Sauce heben. Zugedeckt im Kühlschrank 2–3 Stunden marinieren, dabei gelegentlich umrühren.
Friséesalat auf 4 Tellern anrichten, Eisbergsalat daraufhäufen. Shrimps und Sauce gleichmäßig auf dem Eisbergsalat verteilen.
Ergibt 4 Portionen.

Chinesischer Shrimpsalat
Oriental Shrimp Salad

1 l Wasser
750 g ungeschälte frische mittelgroße Shrimps (z.B. Grönland-Shrimps)
150 g frische Bohnensprossen
1 Dose (220 ml) Eßkastanien, abgetropft und in Scheiben geschnitten
40 g feingeschnittene Frühlingszwiebel
40 g feingeschnittener Stangensellerie
180 g Mayonnaise oder weißes Salatdressing
1 EL Zitronensaft · 1 EL Sojasauce · 1/4 TL Ingwerpulver
225 g gekochte Chow Mein-Nudeln (chines. Instantnudeln)
Kopfsalatblätter

Wasser zum Kochen bringen, Shrimps zufügen und 3–5 Minuten kochen, bis die Shrimps rosa sind. Shrimps abgießen, gut abtropfen lassen, unter kaltem Wasser abschrecken. Kühl stellen. Schälen, Därme entfernen und kleinschneiden.
Shrimps, Bohnensprossen, Eßkastanien, Frühlingszwiebel und Stangensellerie in eine Schüssel geben. Mayonnaise, Zitronensaft und Sojasauce gut verrühren und vorsichtig unterheben. Zugedeckt kühl stellen.
Vor dem Servieren 3/4 der Nudeln unter den Salat heben. Auf vier mit Salatblättern ausgelegten Tellern anrichten, die restlichen Nudeln darüberstreuen.
Ergibt 4 Portionen.

»Findest Du Silvester auch so schön? Man kann wieder ganz von vorne anfangen. Jedem steht eine neue Chance zu.«

Karibischer Shrimp-Bohnen-Salat

Caribbean Shrimp-Bean Salad

1 Dose (440ml) schwarze Bohnen, abgespült und abgetropft
1 kleine, sehr fein geschnittene grüne Paprikaschote
75 g Stangensellerie, in Scheiben geschnitten
75 g rote Zwiebel, in Ringe geschnitten
2 EL feingehackter frischer Koriander
150 ml pikante Würzsauce · 60 ml Limettensaft
1/4 TL Salz
2 EL Pflanzenöl · 2 EL Honig
1,5 l Wasser
1 kg ungeschälte frische mittelgroße Shrimps (z.B. Grönland-Shrimps)
grüner Blattsalat
<u>Zum Garnieren:</u> halbierte Kirsch- oder Cocktailtomaten

Bohnen, Paprikaschote, Stangensellerie, Zwiebel, Koriander, Würzsauce, Limettensaft, Salz, Pflanzenöl und Honig vorsichtig vermengen. Abdecken und 8 Stunden kühl stellen, dabei gelegentlich umrühren.

Wasser zum Kochen bringen, Shrimps zufügen und 3–5 Minuten kochen lassen, bis die Shrimps rosa sind. Shrimps abgießen, unter kaltem Wasser abschrecken, gut abtropfen lassen, kühl stellen. Shrimps schälen und Därme entfernen.

Eine Platte mit Salatblättern auslegen, Bohnensalat in der Mitte aufhäufen und Shrimps drumherum anrichten.

Nach Geschmack garnieren.

Ergibt 4 Portionen.

Shrimps mit Erbsen und Karotten
Shrimp with Peas and Carrots

1 l Wasser
750 g ungeschälte mittelgroße Shrimps (z.B. Grönland-Shrimps)
350 g sehr dünne Spaghetti oder Vermicelli-Fadennudeln
225 g feingeschnittene Frühlingszwiebeln
225 g Erbsen-Karotten-Mischgemüse (TK, aufgetaut)
150 g feingeschnittene eingelegte Dillgurken
40 g sehr fein gehackte Petersilie
3 große hartgekochte Eier (150 g), kleingehackt
60 g eingelegte rote Peperoni, abgetropft und feingewürfelt
1 kleine grüne Paprikaschote, feingeschnitten
225 g saure Sahne · 225 g Mayonnaise oder weißes Salatdressing
60 ml Zitronensaft · 2 EL mittelscharfer Senf · 1 TL Selleriesamen
1 TL Salz · 1/4 TL schwarzer Pfeffer · Blattsalat

Wasser zum Kochen bringen, Shrimps zufügen und 3–5 Minuten kochen, bis die Shrimps rosa sind. Shrimps abgießen, unter kaltem Wasser abschrecken, gut abtropfen lassen. Kühl stellen. Schälen, Därme entfernen.
Nudeln in rund 7 cm lange Stücke brechen, nach Packungsanweisung kochen und abtropfen lassen. In eine große Schüssel geben. Shrimps, Frühlingszwiebeln, Erbsen und Karotten, Gewürzgurken, Petersilie, Eier, Peperoni und Paprikaschote untermischen. Beiseite stellen. Saure Sahne, Mayonnaise, Zitronensaft, Senf, Selleriesamen, Salz und Pfeffer verrühren. Über die Shrimps-Nudelmischung geben und vorsichtig unterheben. Zugedeckt kühl stellen. Auf einer mit Salatblättern ausgelegten Platte anrichten. Ergibt 8 Portionen.

Route-19-Shrimp-Fischsuppe

Route 19 Shrimp Chowder

500 g ungeschälte frische mittelgroße Shrimps (z.B. Grönland-Shrimps)
3 EL Butter oder Margarine
3 EL Weizenmehl · 1 EL Currypulver
450 ml fertige Hühnerbrühe
450 ml fertiger Muschelsud
225 g Sahne · 225 ml Wasser
4 große (900g) mehligkochende Kartoffeln, geschält und grobgewürfelt
500 g Barschfilet, in mundgroße Stücke geschnitten

Shrimps schälen und Därme entfernen, beiseite stellen.

Butter in einem großen Topf auf kleiner Hitze schmelzen, Mehl und Currypulver klumpenfrei einrühren. 1 Minute unter Rühren kochen. Langsam die Hühnerbrühe zugießen, glattrühren. Muschelsud, Sahne, Wasser und Kartoffeln zugeben und gut umrühren. Zum Kochen bringen, Hitze reduzieren und ohne Deckel 20 Minuten köcheln lassen, bis die Kartoffeln gar sind.

Shrimps und Fisch zur Suppe geben und weitere 5–6 Minuten köcheln, bis die Shrimps rosa sind. Sofort servieren.

Ergibt ca. 3,5 l Suppe.

»Ich hab's Bubba versprochen. Und sofort, wenn ich ein bißchen Geld hab', muß ich mir so einen Shrimpkutter kaufen. Ein Versprechen ist ein Versprechen, Lt. Dan.«

Friedensmarsch-Shrimp-Gazpacho
Peace March Shrimp Gazpacho

1 l Wasser
750 g ungeschälte frische kleine Shrimps (z.B. Nordseekrabben)
2 l Tomatensaft
4 enthäutete Tomaten, entkernt und kleingeschnitten
2 geschälte Salatgurken, entkernt und kleingeschnitten
1 Bund Frühlingszwiebeln, feingeschnitten
1 kleingeschnittene Avocado
225 Frischkäse, in 1 cm große Würfel geschnitten
60 ml Zitronensaft oder Weißweinessig
2 EL Zucker · 1/2 TL Tabasco
<u>Zum Garnieren:</u> Gurkenscheiben, saure Sahne, ganze Shrimps

Wasser zum Kochen bringen, Shrimps zufügen und 3–5 Minuten kochen, bis die Shrimps rosa sind. Shrimps abgießen, gut abtropfen lassen, unter kaltem Wasser abschrecken. Kühl stellen. Shrimps schälen und Därme entfernen. Falls gewünscht, 10 Garnelen für die Garnitur beiseite stellen.

Shrimps, Tomatensaft, Tomaten, Gurken, Frühlingszwiebeln, Avocado, Frischkäse, Zitronensaft, Zucker und Salz in einer großen Schüssel vermischen. Zugedeckt mindestens 3 Stunden kühl stellen. Ergibt rund 3 Liter Gazpacho.

»Bubba hatte mir ja alles erzählt, was er über den Shrimpfang gewußt hat. Aber soll ich Ihnen sagen, was ich dann rausfand? Shrimps fischen ist sehr, sehr schwer.«

Shrimp-und-Hühnchen-Gumbo

Shrimp 'n' Chicken Gumbo (Foto Seite 87)

1 kg Hühnerbrüstchen, ohne Haut
2 l Wasser
90 g Weizenmehl
300 g feingehackte Zwiebeln
250 g kleingeschnittener Stangensellerie
225 g feingeschnittene grüne Paprikaschote
75 g feingeschnittene Frühlingszwiebeln
4 durchgepreßte Knoblauchzehen
2 EL Pflanzenöl
1 1/2 TL getrockneter Thymian
1 TL getrockneter Oregano
1/2 TL schwarzer Pfeffer · 3 Lorbeerblätter
1 Glas (440 ml) fertige Hühnerbrühe
225 g Tomatenmark
250 g pikante Räucherwurst (z.B. Cabanossi), in Scheiben geschnitten
500 g ungeschälte frische mittelgroße Shrimps (z.B. Grönland-Shrimps)
heißer gekochter Reis

Huhn und Wasser in einem großen Topf zum Kochen bringen. Hitze reduzieren und ohne Deckel rund 45 Minuten köcheln lassen, bis das Fleisch gar ist. Huhn aus der Kochbrühe nehmen und abkühlen lassen. Falls nötig, Kochbrühe abseihen und beiseite stellen. Huhn entbeinen und kleinschneiden, ebenfalls beiseite stellen. Mehl auf ein Backblech geben. Bei 180°C im Ofen rund 1 Stunde rösten, bis es dunkelbraun, aber nicht verbrannt ist, dabei alle 15 Minuten umrühren. Beiseite stellen.

Pflanzenöl in einem großen Topf erhitzen, Zwiebeln, Stangensellerie, Paprikaschote, Frühlingszwiebeln und Knoblauch zugeben und unter Rühren weichdünsten. Geröstetes Mehl, Thymian, Oregano, Pfeffer und Lorbeerblätter zugeben und glattrühren. Die beiseite gestellte Kochbrühe, Hühnerfleisch, fertige Brühe, Tomatenmark und Wurst zugeben. Zum Kochen bringen, Hitze reduzieren und ohne Deckel eine Stunde köcheln lassen.

Shrimps schälen, Därme entfernen, zur Suppe geben. Mit Deckel 10 Minuten weiterköcheln lassen, bis die Shrimps rosa sind. Lorbeerblätter entfernen und das Gumbo mit heißem Reis servieren.

Ergibt rund 4,5 Liter Gumbo.

»Und eins muß ich Ihnen sagen... Lt. Dan mochte das Shrimps-Fischen so gerne wie eine Ente das Wasser.«

Greenbow County Okra Gumbo

Greenbow County Okra Gumbo

500 g frische Okra, in Scheiben geschnitten
90 g flüssige Butter oder Margarine · 45 g Weizenmehl
1 Bund Frühlingszwiebeln, feingeschnitten · 75 g Stangensellerie, feingeschnitten
2 durchgepreßte Knoblauchzehen
2 l Wasser
1 Dose (440ml) Tomaten, kleingeschnitten und mit Saft
1 EL feingehackte frische Petersilie
1 1/2 TL Salz · 1/2 TL gemahlener roter Pfeffer
1 Zweig frischer Thymian · 1 Lorbeerblatt
500 g ungeschälte frische mittelgroße Shrimps (z.B. Grönland-Shrimps)
250 g Krebsfleisch, abgetropft und kleingeschnitten
heißer gekochter Reis

2 Eßlöffel der flüssigen Butter in einer Pfanne mit hohem Rand erhitzen, Okra zugeben und auf mittlerer Hitze unter Rühren leicht anbräunen. Beiseite stellen. Restliche Butter und Mehl in einen großen Topf geben. Auf mittlerer Hitze unter Rühren dünsten, bis die Mischung schokoladenbraun ist (20–25 Minuten). Frühlingszwiebeln, Stangensellerie und Knoblauch zugeben und unter Rühren weichdünsten. Okra, Wasser, Tomaten mit Saft, Petersilie, Salz, Pfeffer, Thymian und Lorbeerblatt zugeben. Zum Kochen bringen, Hitze reduzieren und ohne Deckel 2 Stunden köcheln lassen, dabei gelegentlich umrühren. Shrimps schälen, Därme entfernen. Shrimps und Krabbenfleisch zum Gemüse geben. Weitere 10 Minuten köcheln lassen, dabei gelegentlich umrühren. Lorbeerblatt entfernen und das Gumbo mit heißem Reis servieren. Ergibt rund 2,5 Liter Gumbo.

Texmex Shrimp-Enchilada-Suppe
Tex's Shrimp Enchilada Soup

500 g ungeschälte frische mittelgroße Shrimps (z.B. Grönland-Shrimps)
1 l Hühnerbrühe · 120 g Tortillachips
2 kleine Dosen (250 ml) eingelegte grüne Chilischoten mit Flüssigkeit, kleingeschnitten
1 Dose eingelegte Tomaten-Chili-Pickles, kleingewürfelt, mit Flüssigkeit
2 EL Butter oder Margarine
1 mittelgroße, feingehackte Zwiebel
2 durchgepreßte Knoblauchzehen
225 g saure Sahne
40 g feingehackter frischer Koriander
geraspelter Mozzarella
geraspelter Cheddar-Käse (ersatzweise alter Gouda)

Shrimps schälen und Därme entfernen. Beiseite stellen. Brühe in einem großen Topf zum Kochen bringen, Tortillachips zugeben. Vom Herd nehmen und 10 Minuten stehen lassen. Im Mixer oder mit dem Pürierstab pürieren (dazu Menge evtl. halbieren). Nach dem Pürieren wieder in den Topf geben, Chillies und Tomaten unterrühren und beiseite stellen.

Butter in einer Pfanne mit hohem Rand auf mittlerer Hitze zerlassen. Shrimps, Zwiebel und Knoblauch zugeben. Unter Rühren 3–4 Minuten dünsten, bis die Shrimps rosa sind. In die Brühe rühren und heiß werden, aber nicht kochen lassen. Dabei gelegentlich umrühren. Saure Sahne und Koriander einrühren. Suppe in Teller verteilen und jede Portion mit Käse bestreuen. Sofort servieren.

Ergibt 2 Liter Suppe.

Guter alter Shrimpfond
Old Reliable Shrimp Stock

1 kg ungeschälte frische mittelgroße Shrimps (z.B. Grönland-Shrimps) mit Köpfen
3 l Wasser
1 große, gewürfelte Karotte · 2 geviertelte Stangensellerie
1 mittelgroße Zwiebel, geviertelt
1 Bund (75 g) frische Thymianzweige
75 g frische Petersilie · 75 g frisches Basilikum · 75 g frische Oreganozweige
1 EL getrocknetes Bohnenkraut

Köpfe der Shrimps entfernen, Shrimps schälen. Köpfe und Schalen in einen großen Topf geben, Shrimps für ein anderes Gericht verwenden. Wasser, Karotte, Stangensellerie, Zwiebel, Kräuter und Gewürze zu den Shrimpsköpfen und Schalen in den Topf geben und zum Kochen bringen. Hitze reduzieren und ohne Deckel 45 Minuten köcheln lassen. Fond durch ein engmaschiges Küchensieb abgießen, Schalen, Köpfe und Kräuter im Sieb wegwerfen.
Der Fond läßt sich für Suppen und Saucen verwenden. Nichtbenötigten Fond für später einfrieren!
Ergibt 2 Liter Shrimpfond.

»Das was richtig gut ist, wenn man den Präsidenten der Vereinigten Staaten kennenlernt, das ist das Essen. Da gibt es fast alles zu essen und zu trinken, was man sich wünscht.«

Shrimp-Käse-Omelett

Shrimp and Cheese Omelet (Foto Seite 88)

2 große Eier (100g) · 1 EL Wasser
1 EL Butter oder Margarine
60 g kleingeschnittene gekochte Shrimps
3 EL geraspelter Gouda oder anderer Hartkäse
1 EL kleingeschnittene Frühlingszwiebeln
2 TL feingehackte frische Petersilie
Zum Garnieren: ganze Shrimps, Frühlingszwiebeln

Eier und Wasser mit einem Schneebesen aufschlagen, beiseite stellen.
Eine Pfanne (20 cm Durchmesser) auf dem Herd so heiß werden lassen, daß ein Tropfen Wasser darin verzischt. Butter zugeben und zerlassen, auf dem ganzen Pfannenboden verteilen. Eier verrühren, in die Pfanne gießen. Sobald die Masse zu stocken anfängt, Omelett mit einem Pfannenwender auf einer Seite aufheben und die Pfanne so kippen, daß die noch rohe Eiflüssigkeit unter das Omelett laufen kann. Shrimps, Käse, Frühlingszwiebeln und Petersilie auf eine Hälfte des Omeletts geben, andere Hälfte darüberklappen. Omelett auf einen Teller gleiten lassen. Nach Geschmack garnieren und sofort servieren. Ergibt 1 Portion.

»Bubba Gump Shrimp wurde ein Markenname. Wir hatten viele Boote – 12 Jennys – eine mordsgroße Lagerhalle, und wir hatten sogar solche Mützen, da stand Bubba Gump drauf. Und wir haben mehr Geld gemacht als Davy Crockett.«

Shrimp-Gemüse-Salat von der Golfküste
Gulf Shrimp and Vegetables

2 l Wasser
1,5 kg ungeschälte frische große Shrimps (z.B. King Prawns)
225 g Oliven, entkernt und in Scheiben geschnitten
150 g kleingeschnittene grüne Paprikaschoten
75 g kleingeschnittener Stangensellerie
50 g eingelegtes süßsaures Gemüse (Mixed Pickles), feingeschnitten
1 EL feingehackte frische Petersilie
2 feingehackte Schalotten
450 ml fertiges italienisches Salatdressing
60 ml Olivenöl · 1 EL Zitronensaft
Blattsalat
<u>Zum Garnieren:</u> Tomatenschnitze

Wasser zum Kochen bringen, Shrimps zufügen und 3–5 Minuten kochen, bis die Shrimps rosa sind. Shrimps abgießen, unter kaltem Wasser abschrecken, gut abtropfen lassen. Kühl stellen. Shrimps schälen und Därme entfernen, in eine große flache Schüssel geben.

Oliven, Paprikaschote, Stangensellerie, Mixed Pickles, Petersilie, Schalotten, Salatdressing, Olivenöl und Zitronensaft vermischen und über die Shrimps gießen. Vorsichtig untermischen. Zugedeckt 8 Stunden kühl stellen.

Eine Platte mit Blattsalat auslegen und Shrimpmischung darauf anrichten. Nach Geschmack servieren.

Ergibt 8–10 Portionen.

Gospelsonntag-Shrimps-Creole
Four-Square Gospel Creole

750 g ungeschälte frische mittelgroße Shrimps (z.B. Grönland-Shrimps)
1 kleine, fein gehackte Zwiebel
1 kleine grüne Paprikaschote, kleingeschnitten
75 g kleingeschnittener Stangensellerie
2 durchgepreßte Knoblauchzehen
2 EL flüssige Butter oder Margarine
1 Dose (440ml) Tomaten mit Saft, kleingeschnitten
225 ml Tomatenpüree
2 TL Worcestersauce · 1/2 TL getrockneter Oregano
1/2 TL getrockneter Thymian · 1/8 TL gemahlener roter Pfeffer
heißer gekochter Reis

Shrimps schälen und Därme entfernen. Beiseite stellen. Butter in einem großen Topf erhitzen, Zwiebeln, Paprikaschote, Stangensellerie und Knoblauch zugeben und unter Rühren auf mittlerer Hitze weichdünsten. Tomaten, Tomatenpüree, Worcestersauce, Oregano, Thymian und Pfeffer zugeben. 15 Minuten bis zur gewünschten Konsistenz einkochen, dabei gelegentlich umrühren. Shrimps zugeben und weitere 5 Minuten köcheln lassen, bis die Shrimps rosa sind. Creole mit heißem Reis servieren.
Ergibt 4–6 Portionen.

»Ich glaube aber auch, wir haben Einfluß auf unser Schicksal. Du mußt aus dem, was Gott Dir mitgegeben hat, das Beste machen.«

Mildes Shrimpcurry
Creamy Shrimp Curry

1,5 l Wasser
1 kg ungeschälte frische mittelgroße Shrimps (z.B. Grönland-Shrimps)
75 g sehr fein gehackte Zwiebel
75 g flüssige Butter oder Margarine
70 g Weizenmehl · 1 EL Currypulver
410 ml (1 Glas) fertige Hühnerbrühe
350 ml Milch
1 1/2 TL Zucker · 1/2 TL Salz
1/4 TL Ingwerpulver
1 TL Zitronensaft
heißer gekochter Reis
<u>Auswahl an würzenden Beilagen:</u> Erdnüsse, kleingeschnittene Frühlingszwiebeln, Rosinen, geröstete Kokosflocken, gebratener Speck

Wasser zum Kochen bringen, Shrimps zufügen und 3–5 Minuten kochen, bis die Shrimps rosa sind. Shrimps abgießen, unter kaltem Wasser abschrecken, gut abtropfen lassen. Kühl stellen. Schälen, Därme entfernen, beiseite stellen.
Butter in einer Pfanne mit hohem Rand erhitzen. Zwiebel zugeben und unter Rühren auf mittlerer Hitze weichdünsten. Hitze reduzieren, Mehl und Currypulver zugeben und glattrühren. Eine Minute unter Rühren kochen, langsam Hühnerbrühe und Milch zugießen und unter Rühren auf mittlerer Hitze zum Kochen bringen, bis die Masse dick wird. Zucker, Ingwer und Zitronensaft einrühren. Shrimps dazugeben und im Curry erhitzen. Shrimpcurry mit heißem Reis und einer Auswahl würzender Beilagen servieren. Ergibt 6 Portionen.

Shrimp Frikassee
Shrimp Etouffée

1 kg ungeschälte frische mittelgroße Shrimps (z.B. Grönland-Shrimps)
700 ml Wasser · 300 g feingehackte Zwiebel
4 durchgepreßte Knoblauchzehen
2 EL flüssige Butter oder Margarine
150 g in Ringe geschnittene Frühlingszwieblen
3 EL Speisestärke
50 g feingehackte frische Petersilie
3/4 TL Salz · 1/4 TL gemahlener weißer Pfeffer
heißer gekochter Reis

Shrimps schälen und Därme entfernen, Schwanzfächer und Schalen aufheben.
Shrimps kleinschneiden und beiseite stellen. Schwanzfächer und Schalen in eine
mittelgroßen Topf geben, Wasser zufügen und zum Kochen bringen. Hitze reduzieren, Deckel aufsetzen und 30 Minuten köcheln lassen. Shrimpfond durch ein
kleinmaschiges Küchensieb in eine Schüssel abgießen, Schalen und Schwänze
wegwerfen. Fond beiseite stellen. Butter in einer Pfanne mit hohem Rand erhitzen. Zwiebel und Knoblauch zufügen und auf mittlerer Hitze unter Rühren weichdünsten. 450 ml Shrimpfond zugießen und zum Kochen bringen. Hitze reduzieren, Shrimps und Frühlingszwiebeln zugeben. 5 Minuten kochen lassen, dabei
gelegentlich umrühren. Speisestärke in 110 ml des restlichen kalten Fonds glattrühren, langsam unter die heiße Shrimpmischung rühren. Zum Kochen bringen
und unter Rühren eine Minute weiterkochen. Mit Petersilie, Salz und Pfeffer würzen, mit heißem Reis servieren. Ergibt 8 Portionen.

Shrimps fritiert

Knusprige süßsaure Shrimps
Crispy Sweet-and-Sour Shrimp

750 g ungeschälte frische mittelgroße Shrimps (z.B. Grönland-Shrimps)
90 g Weizenmehl · 45 g Speisestärke · 1/2 TL Backpulver
1/4 TL Salz
110 ml Wasser
1 TL Pflanzenöl
1 großes Ei (50 g), leicht schaumig geschlagen
Pflanzenöl
heißer gekochter Reis
süßsaure Sauce

Shrimps schälen und Därme entfernen. Beiseite stellen. Mehl, Speisestärke, Backpulver, Salz, Wasser, Pflanzenöl und Ei zu einem klumpenfreien Teig verrühren. In einen großen Topf 5 cm hoch Öl geben, auf 190°C erhitzen, bzw. entsprechende Menge Öl in einer Friteuse erhitzen. Shrimps nacheinander durch den Teig ziehen und portionsweise im heißen Fett goldbraun ausbacken. Auf Küchenkrepp abtropfen lassen.
Auf heißem Reis servieren, süßsaure Sauce darüberträufeln.
Ergibt 6 Portionen.

»Hast Du gehört, was ich gesagt habe, Forrest? Laß' Dir nur ja von niemandem einreden, er wäre was Besseres als Du.«

Süßsaure Sauce

75 g Karotten, in Scheibchen geschnitten
75 kleingeschnittene grüne Paprikaschote
3 1/2 EL Speisestärke
225 ml Wasser · 110 g Zucker
110 ml Weißweinessig
75 ml Tomatenketchup
1 EL Sojasauce
1 Dose (440 ml) Ananasstücke, abgetropft

Karotten in wenig kochendem Wasser 1–2 Minuten blanchieren. Paprikaschote zugeben und 1 weitere Minute blanchieren. Gemüse abgießen und unter kaltem Wasser abschrecken. Beiseite stellen.

Speisestärke in 75 ml kaltem Wasser glattrühren. Restliches Wasser, Zucker, Weißweinessig, Tomatenketchup und Sojasauce in einen Topf geben, auf mittlerer Hitze zum Kochen bringen. Langsam die aufgelöste Speisestärke dazugeben, Mischung unter Rühren zum Kochen bringen, bis sie dick wird. Blanchiertes Gemüse und Ananasstücke unterrühren.

Ergibt rund 800 ml Sauce.

Fritierte Kokos-Shrimps
Coconut Fried Shrimp

250 g ungeschälte frische mittelgroße Shrimps (z.B. Grönland-Shrimps)
150 g fertige Mischung für Pfannkuchenteig (oder 150 g Mehl, 1–2 Eier, 1 Prise Salz)
180 ml Bier · Pflanzenöl
45 g Weizenmehl · 225 g Kokosraspeln

Shrimps schälen, Schwanzfächer dabei ganz lassen. Falls gewünscht, Därme entfernen. Mischung für Pfannkuchenteig oder Mehl, Eier, Salz und Bier in einer kleinen Schüssel zu einem klumpenfreien, relativ dickflüssigen Teig verrühren. In einen großen Topf 5 cm hoch Öl gießen, auf 180°C erhitzen, bzw. entsprechende Menge Öl in einer Friteuse erhitzen. Shrimps im Mehl wenden, überschüssiges Mehl abstäuben. Einzeln durch den Bierteig ziehen und in den Kokosraspeln wälzen. Shrimps portionsweise im heißen Fett goldbraun ausbacken (ca. 45 Sekunden pro Seite). Auf Küchenkrepp abtropfen lassen.
Ergibt eine Vorspeise für 4 Personen.

»Also, Bestimmung ist, wenn man zu etwas geboren ist, aber nicht weiß, zu was.«

Fritierte Shrimps mit Aprikosensauce

Fried Shrimp 'n' Apricot Sauce

270 g Weizenmehl
1 EL milder Paprika
1 TL gemahlener weißer Pfeffer
1/2 TL Knoblauchpulver
1/2 TL getrocknete italienische Kräuterwürzmischung
1 Büchse (330 ml) Bier
1 kg ungeschälte frische mittelgroße Shrimps (z.B. Grönland-Shrimps)
Pflanzenöl · Aprikosensauce (siehe Seite 78)

Mehl, Paprika, Pfeffer, Knoblauch, Kräuterwürzmischung und Bier in einer mittelgroßen Schüssel zu einem klumpenfreien Teig verrühren. Teig 30 Minuten stehen lassen.

Shrimps schälen, Schwanzfächer dabei ganz lassen. Falls gewünscht, Därme entfernen.

In einen großen Topf 5 cm hoch Öl gießen, auf 190°C erhitzen, bzw. entsprechende Menge Öl in einer Friteuse erhitzen. Shrimps nacheinander durch den Teig ziehen und portionsweise im heißen Fett goldbraun ausbacken. Auf Küchenkrepp abtropfen lassen. Mit Aprikosensauce servieren.

Ergibt 4–6 Portionen.

Aprikosensauce

225 g Aprikosenkonfitüre
1 Glas (110 ml) eingelegte rote Peperoni, abgetropft und kleingeschnitten
2 1/2 EL Weißweinessig

Aprikosenkonfitüre, Peperoni und Essig in eine kleinen Topf geben. Auf mittlerer Hitze zum Kochen bringen, Hitze reduzieren und 3 Minuten köcheln lassen, dabei gelegentlich umrühren. Zugedeckt abkühlen lassen.
Ergibt rund 300 ml Aprikosensauce.

Fritierte Walnuß-Shrimps
Walnut Fried Shrimp

16 ungeschälte frische Riesen-Shrimps (z.B. Tiger Prawns)
360 g Weizenmehl
1/8 TL Salz· 1/4 TL schwarzer Pfeffer
225 ml Milch
2 große Eier (100 g), leicht schaumig geschlagen
300 g gemahlene Walnüsse
Pflanzenöl
Bubbas Cocktailsauce (siehe Seite 111)
Extragute Tatarensauce (siehe Seite 114)
Zum Garnieren: Zitronenschnitze, frische Petersilienzweige

Shrimps schälen, Schwanzfächer dabei ganz lassen. Nach Wunsch Därme entfernen. Mehl, Salz und Pfeffer vermischen. Milch und Eier verrühren. Shrimps durch die Eimischung ziehen, in der Mehlmischung wenden und zuletzt in gemahlenen Walnüssen wälzen. Panierte Shrimps auf ein mit Backpapier ausgelegtes Backblech legen. Mit Alufolie abdecken und 2 Stunden tiefgefrieren.

In einen großen Topf 5–7,5 cm hoch Öl gießen, auf 180°C erhitzen, bzw. entsprechende Menge Öl in einer Friteuse erhitzen. Tiefgefrorene Shrimps portionsweise im heißen Fett goldbraun ausbacken. Auf Küchenkrepp abtropfen lassen. Shrimps auf einer Platte anrichten, nach Geschmack garnieren und mit den Saucen servieren.

Ergibt 4 Portionen.

»Eigentlich habe ich nie erfahren, warum sie zurückgekommen war. Vielleicht hatte Lt. Dan seine Finger im Spiel ... vielleicht war es Bestimmung ... vielleicht wußte sie auch nicht, wo sie sonst hingehen sollte. Aber es war mir auch egal. Es war wie früher.«

Bubbas Bierteig-Shrimps
Bubba's Beer-Batter Shrimp

500 g ungeschälte frische große Shrimps (z.B. King Prawns)
45 g Weizenmehl · 45 g Speisestärke
1/8 TL Salz · 60 ml Bier
2 EL flüssige Butter oder Margarine
1 Eigelb · Pflanzenöl

Shrimps schälen, Schwanzfächer dabei ganz lassen. Nach Wunsch Därme entfernen.

Mehl, Speisestärke und Salz vermischen. Bier, Butter und Eigelb zufügen, das Ganze zu einem klumpenfreien Teig verrühren.

In einen großen Topf 5 cm hoch Öl gießen, auf 190°C erhitzen, bzw. entsprechende Menge Öl in einer Friteuse erhitzen. Shrimps nacheinander durch den Teig ziehen und portionsweise im heißen Fett goldbraun ausbacken. Auf Küchenkrepp abtropfen lassen.

Ergibt 2–4 Portionen

»Ich glaube, manchmal gibt es gar nicht genug Steine.«

Forrests Shrimps nach Pommes-frites-Manier
Forrest's French-Fried Shrimp

1 kg ungeschälte frische mittelgroße Shrimps (z.B. Grönland-Shrimps)
180 g Weizenmehl · 1 1/2 TL Backpulver
1/2 TL Salz
150 ml Wasser · 2 EL Zitronensaft
1 EL Pflanzenöl
1 großes Ei (50 g), leicht schaumig geschlagen
Pflanzenöl

Shrimps schälen, Schwanzfächer dabei ganz lassen. Nach Wunsch Därme entfernen.

Mehl, Backpulver und Salz in einer mittelgroßen Schüssel vermischen. Wasser, Zitronensaft Pflanzenöl und Ei zugeben, das Ganze zu einem klumpenfreien Teig verrühren.

In einen großen Topf 5 cm hoch Öl gießen, auf 190°C erhitzen, bzw. entsprechende Menge Öl in einer Friteuse erhitzen. Shrimps nacheinander durch den Teig ziehen und portionsweise im heißen Fett goldbraun ausbacken. Auf Küchenkrepp abtropfen lassen.

Ergibt 4–6 Portionen.

Fritierte Golfküsten-Shrimps

Gulf Coast Fried Shrimp (Foto siehe Seite 105)

1 kg ungeschälte frische mittelgroße Shrimps (z.B. Grönland-Shrimps)
4 große Eier (200 g), geschlagen
150 ml pikantes französisches Salatdressing
1 1/2 EL Zitronensaft
3/4 TL Zwiebelpulver
Pflanzenöl
100 g zerstoßene Salzkräcker
50 g zerstoßene Corn Flakes
60 g Speisestärke

Shrimps schälen, Schwanzfächer dabei ganz lassen. Nach Wunsch Därme entfernen. Shrimps in eine flache Schüssel geben. Eier, Salatdressing, Zitronensaft und Zwiebelpulver verrühren und über die Shrimps gießen, vorsichtig untermischen. Zugedeckt im Kühlschrank 3 Stunden marinieren, dabei gelegentlich umrühren. In einen großen Topf 5 cm hoch Öl gießen, auf 190°C erhitzen, bzw. entsprechende Menge Öl in einer Friteuse erhitzen. Kräcker, Corn Flakes und Speisestärke vermischen. Shrimps abgießen, Marinade wegschütten. Shrimps in der Kräckermischung wälzen und portionsweise im heißen Fett goldbraun ausbacken. Auf Küchenkrepp abtropfen lassen.
Ergibt 4–6 Portionen.

Mama Blues Shrimp-Pastetchen

Mama Blue's Shrimp Patties

700 ml Wasser
500 g ungeschälte frische mittelgroße Shrimps (z.B. Grönland-Shrimps)
3 EL Butter oder Margarine
60 g Weizenmehl · 110 ml Milch
2 feingeschnittene Frühlingszwiebeln
1 TL Zitronensaft · 1/2 TL Würzmischung für helle Saucen
1/4 TL Salz · 1/4 TL schwarzer Pfeffer
1/4 TL milder Paprika · 1/4 TL Tabasco
1 großes Ei (50 g), leicht schaumig geschlagen
75 g Weißbrotbrösel
1 TL italienische Kräuterwürzmischung
60 ml Pflanzenöl · Guacamole

Wasser zum Kochen bringen, Shrimps zufügen und 3–5 Minuten kochen, bis die Shrimps rosa sind. Shrimps abgießen, gut abtropfen lassen, unter kaltem Wasser abschrecken. Kühl stellen. Schälen, Därme entfernen und kleinschneiden.

Butter bei niedriger Hitze in einer schweren Pfanne zerlassen. Mehl zugeben und glattrühren. Unter Rühren eine Minute kochen. Langsam Milch zugießen, unter Rühren auf mittlerer Hitze zum Kochen bringen, bis die Masse dick ist und Blasen schlägt. Frühlingszwiebeln, Zitronensaft, Würzmischung, Salz, Pfeffer, Paprika und Tabasco zugeben.

Weißbrotbrösel mit italienischer Kräuterwürzmischung vermengen. Shrimps und Ei mit der Hälfte der gewürzten Brösel und der Saucenmischung vermengen. Zu vier Pastetchen formen, in den restlichen Brotbröseln wälzen.

In einen großen Topf 1,5 cm hoch Öl geben und erhitzen bzw. die entsprechende Menge Öl in einer Friteuse erhitzen. Pastetchen im heißen Öl goldbraun ausbacken, dabei einmal wenden. Auf Küchenkrepp abtropfen lassen.
Ergibt 4 Portionen.

»Ja, wir waren wie eine Familie, Jenny und ich. Das war die glücklichste Zeit in meinem Leben... Es war fast wie das Paradies auf Erden.«

Shrimps sautiert

»Dilliges« Shrimpgericht
Dilly of Some Shrimp

900 g ungeschälte frische große Shrimps (z.B. King Prawns)
2 EL sehr fein gehackte Schalotten
1 EL durchgepreßter Knoblauch
2 EL flüssige Butter oder Margarine
1 EL Olivenöl · 2 EL Zitronensaft
4 TL feingehackter frischer Dill
1/8 TL Salz · 1/8 TL schwarzer Pfeffer
<u>Zum Garnieren:</u> frische Dillzweige, Zitronenschnitze

Shrimps schälen und Därme entfernen. Butter und Olivenöl in einer großen Pfanne mit hohem Rand erhitzen. Schalotte und Knoblauch zugeben, auf mittlerer Hitze unter Rühren weichdünsten. Shrimps zugeben und drei Minuten weiterdünsten bis die Shrimps rosa sind, dabei gelegentlich umrühren. Zitronensaft, Dill, Salz und Pfeffer unterrühren. Nach Geschmack garnieren, warm oder kalt servieren.
Ergibt 8–10 Vorspeisenhäppchen.

»Ich bin kein kluger Mann, aber ich weiß, was Liebe ist.«

Shrimp-und-Hühnchen-Gumbo, Seite 63

Shrimp-Käse-Omelett, Seite 68

Shrimptoasts »Hot Brown«
Shrimp Hot Brown

250 g ungeschälte frische mittelgroße Shrimps (z.B. Grönland-Shrimps)
2 EL flüssige Butter oder Margarine · 3 EL Butter oder Margarine
3 EL Weizenmehl
350 ml Milch · 1 EL Instantbrühe
1 TL Kräuter der Provence
4 Scheiben Weißbrot, getoastet
60 g geraspelter Cheddar-Käse (ersatzweise alter Gouda)
4 Scheiben Tomaten
4 Scheiben kroß gebratener Frühstücksspeck, zerkrümelt

Shrimps schälen, Därme entfernen. Flüssige Butter in einer schweren Pfanne erhitzen. Shrimps zugeben und auf mittlerer Hitze 5 Minuten dünsten, bis sie rosa sind, dabei gelegentlich umrühren. Shrimps aus der Pfanne nehmen und beiseite stellen. Restliche Butter auf niedriger Hitze in der Pfanne zerlassen. Mehl zugeben und glattrühren. Eine Minute unter Rühren kochen. Langsam Milch zugießen, unter Rühren auf mittlerer Hitze zum Kochen bringen, bis die Masse dick ist und Blasen schlägt. Instantbrühe und Kräuter der Provence unterrühren.
Getoastete Weißbrotscheiben auf ein ungefettetes Backblech legen, Shrimps gleichmäßig darauf verteilen. Sauce auf die Shrimps geben, Käse gleichmäßig darüber verteilen. Auf jeden Toast eine Tomatenscheibe legen. Ohne Abdeckung im Ofen bei 230°C 12–15 Minuten überbacken, bis die Toasts heiß sind und die Shrimpmasse anfängt, Blasen zu schlagen. Speck über die heißen Toasts streuen und sofort servieren. Ergibt 4 Portionen.

Shrimpkutter-Baguettes

Shrimp Destin

1 kg ungeschälte frische große Shrimps (z.B. King Prawns)
40 g kleingeschnittene Frühlingszwiebeln
2 TL durchgepreßter Knoblauch
225 g flüssige Butter oder Margarine
1 EL trockener Weißwein · 1 Teelöffel Zitronensaft
1/8 TL Salz · 1/8 TL grobgemahlener schwarzer Pfeffer
1 TL getrocknete Dillspitzen
1 TL feingehackte frische Petersilie
2 Baguettebrötchen, der Länge nach aufgeschnitten und getoastet

Shrimps schälen und Därme entfernen. Butter in einer großen Pfanne mit hohem Rand erhitzen. Frühlingszwiebel und Knoblauch zugeben, auf mittlerer Hitze unter Rühren weichdünsten. Shrimps, Wein, Zitronensaft, Salz und Pfeffer zufügen. Auf mittlerer Hitze 5–6 Minuten dünsten bis die Shrimps rosa sind, dabei gelegentlich umrühren. Shrimpmischung gleichmäßig auf die vier Brötchenhälften verteilen und sofort servieren.

Ergibt 4 Portionen.

Anmerkung: Die Shrimpmischung paßt auch sehr gut zu gekochtem Reis anstelle der Baguettebrötchen.

Silvester-Shrimps-Steak
New Year's Steak 'n' Shrimp

6 ungeschälte frische Riesen-Shrimps (z.B. Tiger Prawns)
1 Knoblauchzehe, in Scheiben geschnitten
1 EL flüssige Butter oder Margarine
3 EL trockener Weißwein
2 Steaks aus der Rinderhüfte (à 2,5 cm Dicke)
<u>Zum Garnieren:</u> frische Petersilienzweige

Shrimps schälen und Därme entfernen, Schwanzfächer dabei ganz lassen. Butter in einer kleinen Pfanne erhitzen. Knoblauch zufügen und unter Rühren auf mittlerer Hitze dünsten. Shrimps zufügen und beides unter Rühren 5 Minuten weiterdünsten, bis die Shrimps rosa sind. Wein unterrühren. Zugedeckt warm stellen.

Steaks auf den Grillrost des Ofens legen und 4–5 Minuten auf jeder Seite grillen, je nachdem ob sie rosa, medium oder durchgegart sein sollen (zweite Einschubleiste von oben, Ofentür einen Spalt offen lassen).

Steaks auf zwei Teller legen, Shrimps darauf anrichten, Weinsauce darübergeben. Nach Geschmack garnieren.

Ergibt 2 Portionen.

»Sie fragten mich, ob ich für die Rechte der Frauen laufe ... Frauen haben immer recht.«

Flambierte Shrimps (heiße Sache!)

Shrimp Flambé (Hot Stuff!)

1 kg ungeschälte frische Riesen-Shrimps (z.B. Tiger Prawns)
1 EL Pflanzenöl · 2 EL Weinbrand
Weißweinsauce
Sauce hollandaise

Shrimps schälen, Därme entfernen. Öl in einer großen Pfanne mit hohem Rand heiß werden lassen, Shrimps zugeben und auf mittlerer Hitze unter Rühren 3–5 Minuten dünsten, bis die Shrimps rosa sind. Hitze reduzieren und Shrimps aus der Pfanne nehmen. Weinbrand zum Pfannensatz geben und erhitzen. Mit einem langen Streichholz anzünden. Brandy restlos verbrennen lassen, dabei rühren. Weißweinsauce und Sauce hollandaise zugeben, gut unterrühren. Sofort servieren. Ergibt 4 Portionen.

Weißweinsauce

40 g feingehackte Zwiebel
40 g kleingeschnittene grüne Paprikaschote
2 durchgepreßte Knoblauchzehen
1 EL Pflanzenöl
1 EL in Würfel geschnittene rote Peperoni
2 EL Chablis oder anderer trockener Weißwein
1/4 TL schwarzer Pfeffer · 1 Spritzer Worcestersauce
1 Spritzer Tabasco · 2 EL saure Sahne
1 EL feingehackte frische Petersilie

Pflanzenöl in einer mittelgroßen Pfanne mit hohem Rand erhitzen. Zwiebeln, Paprikaschote und Knoblauchzehen zugeben und auf mittlerer Hitze unter Rühren weichdünsten. Peperoni, Weißwein, Pfeffer, Worcestersauce und Tabasco zugeben. Deckel aufsetzen, Hitze reduzieren und 5 Minuten köcheln lassen, dabei gelegentlich umrühren. Saure Sahne und Petersilie unterrühren. Ergibt rund 75 ml Weißweinsauce.

Sauce hollandaise

3 verrührte Eigelb
1/8 TL Salz · 1 Prise gemahlener weißer Pfeffer
2 EL Zitronensaft
110 g Butter oder Margarine

Eigelb, Salz und Pfeffer in einer hohen Schüssel verrühren, dann unter Rühren Zitronensaft zugeben. Das Ganze mit Schneebesen oder Handrührgerät im Warmwasserbad auf dem Herd schaumig schlagen, dabei die Butter nacheinander in kleinen Flöckchen dazugeben und schmelzen lassen. Ständig weiterrühren, bis die Masse dick und schaumig ist. Ergibt rund 180 ml Sauce hollandaise.

»Es war so, wie wenn die Sonne schlafen geht, unten am Fluß. Es waren Millionen Glitzerlichter auf dem Wasser ...«

Shrimp-Fettucine
Shrimp Scampi (Foto Seite 106)

1 kg ungeschälte frische Riesen-Shrimps (z.B. Tiger Prawns)
1 mittelgroße feingehackte Zwiebel
4 durchgepreßte Knoblauchzehen
110 ml flüssige Butter oder Margarine
2 EL Zitronensaft
1/2 TL getrockneter Estragon
1/2 TL Würzmischung für Steaks
1/2 TL Worcestersauce · 1/2 TL Tabasco
heiße gekochte Fettucine (ca. 8 mm breite italienische Bandnudeln)
2 EL feingehackte frische Petersilie

Shrimps schälen und Därme entfernen. Butter in einer großen Pfanne mit hohem Rand erhitzen. Zwiebel und Knoblauch zugeben und unter Rühren auf mittlerer Hitze 4 Minuten weichdünsten. Zitronensaft, Estragon, Würzmischung, Worcestersauce und Tabasco zugeben. Zum Kochen bringen, Shrimps hinzufügen und unter Rühren 3–5 Minuten kochen, bis die Shrimps rosa sind. Shrimpssauce über die Fettucine ziehen, mit Petersilie bestreuen und servieren.
Ergibt 4–6 Portionen.

»Und dann die Wüste, Jenny, kurz bevor die Sonne rauskam. Ich wußte nie, wo der Himmel aufhörte und die Erde anfing ...«

Engelshaar-Pasta mit Shrimps
Angel Hair Pasta with Shrimp

8 ungeschälte frische Riesen-Shrimps (z.B. Tiger Prawns)
120 g ungekochte Engelshaar-Pasta (Fidelini, dünne italienische Fadennudeln in Nestern)
60 ml Olivenöl · 2 EL durchgepreßter Knoblauch
1 TL feingehackte Schalotte
4 Stangen frischer Spargel, in 5 cm lange Stücke geschnitten
75 g frische Shiitake-Pilze oder Champignons, in Scheiben geschnitten
40 g geschälte, entkernte und in Würfel geschnittene Tomaten
1/4 TL Salz · 1/8 TL gemahlener roter Pfeffer
110 ml Chablis oder anderer trockener Weißwein
30 g frischgeriebener Parmesan
1 EL feingehacktes frisches Basilikum · 1 EL feingehackter frischer Oregano
1 EL feingehackter frischer Thymian · 1 EL feingehackte frische Petersilie

Shrimps schälen und Därme entfernen. Beiseite stellen. Pasta nach Packungsanleitung kochen, abgießen und ebenfalls beiseite stellen.

Eine mittelgroße Pfanne mit hohem Rand auf dem Herd rund 1 Minute heiß werden lassen. Olivenöl zugießen und 10 Sekunden erhitzen. Shrimps, Knoblauch und Schalotten zugeben. 2–3 Minuten unter Rühren dünsten, bis die Shrimps rosa sind.

Spargel, Pilze, Tomaten, Salz und Pfeffer zufügen. Wein angießen und gut unterrühren. Wenn nötig, Pfannensatz dabei lösen und ebenfalls unterrühren. Pasta, Parmesan und frische Kräuter zugeben und vorsichtig unterheben. Sofort servieren.

Ergibt 2 Portionen.

Shrimp-und-Feta-Vermicelli
Shrimp and Feta Vermicelli

225 g Vermicelli-Fadennudeln oder Gabelspaghetti
500 g ungeschälte frische mittelgroße Shrimps (z.B. Grönland-Shrimps)
1 Prise milder getrockneter Paprika
60 ml Olivenöl
150 zerkrümelter Feta (griechischer Schafskäse)
1/2 TL durchgepreßter Knoblauch
1 Dose (440ml) Tomaten in Stücken, mit Saft
60 ml Chablis oder anderer trockener Weißwein
3/4 TL getrocknetes Basilikum · 1/2 TL getrockneter Oregano
1/4 TL Salz · 1/4 TL schwarzer Pfeffer
Zum Garnieren: frische Basilikumzweige

Vermicelli nach Packungsanweisung kochen. Abgießen und warm stellen.
Shrimps schälen und Därme entfernen. 2 EL Öl in einer großen Pfanne mit hohem Rand erhitzen. Shrimps zugeben und auf mittlerer Hitze unter Rühren 2 Minuten dünsten, bis sie leicht rosa sind. Mit Paprika würzen. In eine ungefettete Auflaufform geben (ca. 25x15x5 cm), mit Feta bestreuen.
Restliches Öl in der Pfanne erhitzen, Knoblauch zufügen und auf niedriger Hitze weichdünsten. Tomaten zufügen und 1 weitere Minute dünsten. Wein, Basilikum, Oregano, Salz und Pfeffer zugeben. Ohne Deckel 10 Minuten köcheln lassen, dabei gelegentlich umrühren. Tomatensauce über die Shrimps ziehen. Im Ofen ohne Abdeckung bei 200°C 10 Minuten überbacken.
Nach Geschmack garnieren und zu den Nudeln servieren.
Ergibt 3 Portionen.

Chinesischer Shrimpreis
Shrimp and Refried Rice

500 g ungeschälte frische mittelgroße Shrimps (z.B. Grönland-Shrimps)
2 EL Pflanzenöl · 40 g feingehackte Zwiebel
2 EL feingeschnittene rote Paprikaschote
1 Dose (225 ml) Wasserkastanien, abgetropft und in Scheiben geschnitten
225 g Brokkoliröschen · 75 g Champignons, in Scheiben geschnitten
2 EL Sojasauce
1 großes Ei (50 g), leicht schaumig geschlagen
350 g gekochter Reis

Shrimps schälen und Därme entfernen. Beiseite stellen. Wok (alternativ: große Pfanne mit hohem Rand) mit Öl ausgießen und 2 Minuten auf mittlerer Hitze (190°C) heiß werden lassen, bis es raucht. Zwiebeln und roten Paprika in den Wok geben, 2 Minuten pfannenrühren. Shrimps, Wasserkastanien, Brokkoli, Champignons und Sojasauce zugeben und weitere 5 Minuten pfannenrühren. Shrimps–Gemüsemischung auf die Seitenwände des Woks schieben, so daß in der Mitte eine Mulde entsteht. Ei in die Mulde geben und in 1–2 Minuten unter Rühren stocken lassen. Unter die Shrimps-Gemüsemischung rühren. Gekochten Reis zufügen und weitere 1–2 Minuten pfannenrühren, bis der Reis gut heiß ist. Sofort servieren.
Ergibt 4 Portionen.

»*Wenn Du irgendetwas brauchst, Jenny, ich bin immer in Deiner Nähe ...*«

Orientalische Shrimps mit Zuckererbsen
Oriental Shrimp and Snow Peas

500 g ungeschälte frische mittelgroße Shrimps (z.B. Grönland-Shrimps)
1/2 TL Salz · 1 TL Sesam- oder Pflanzenöl · 1 1/2 TL Speisestärke · 60 ml Wasser
2 EL chinesische Würzsauce mit Austerngeschmack (Oystersauce)
1/2 TL Speisestärke
1/4 TL Instant-Hühnerbrühe · 60 ml Erdnuß- oder Pflanzenöl
2 TL feingeraspelte, geschälte Ingwerwurzel
2 durchgepreßte Knoblauchzehen
250 frische Zuckererbsen (oder TK, aufgetaut)
2 TL Reiswein oder trockenen Weißwein

Shrimps schälen und Därme entfernen. Salzen und im Sesamöl wenden. Shrimps in 1 1/2 TL Speisestärke wälzen. Beiseite stellen. Wasser, Austernsauce, 1/2 TL Speisestärke und Instant-Hühnerbrühe klumpenfrei verrühren. Beiseite stellen. Wok (alternativ: große Pfanne mit hohem Rand) mit Erdnußöl ausgießen, auf mittlerer Stufe (190 °C) 2 Minuten erhitzen, bis es raucht. Ingwer und Knoblauch in den Wok geben, 30 Sekunden pfannenrühren. Shrimps zugeben und weitere 3–5 Minuten pfannenrühren, bis die Shrimps rosa sind. Shrimps aus dem Wok nehmen und auf Küchenkrepp abtropfen lassen. Erbsenschoten in den Wok geben, 30 Sekunden pfannenrühren. Angerührte Speisestärke zu den Erbsen geben, unter Rühren 1 Minute kochen, bis die Flüssigkeit angedickt ist. Shrimps und Wein unterrühren. Sofort servieren. Ergibt 3 Portionen.

»Mama hat immer gesagt, Gott hilft denen, die sich selber helfen.«

Pfannengerührte Shrimps auf Sichuan-Art

Sizzlin' Szechuan Shrimp

1 kg ungeschälte frische mittelgroße Shrimps (z.B. Grönland-Shrimps)
110 ml Wasser · 110 g Tomatenketchup
60 g Zucker · 60 g Chilisauce
2 EL Speisestärke · 3 EL trockener Sherry
1 EL Sojasauce · 2 TL Sesamöl
60 ml Pflanzenöl
6 kleingeschnittene Frühlingszwiebeln
3 durchgepreßte Knoblauchzehen
1 Dose (225 ml) Wasserkastanien, abgetropft und kleingeschnitten
1 1/2 TL zerstoßene Chilischote
1 TL geschälte, feingehackte Ingwerwurzel
1 TL grobgemahlener schwarzer Pfeffer
heißer gekochter Reis

Shrimps schälen und Därme entfernen. Beiseite stellen. Wasser, Tomatenketchup, Zucker, Chilisauce, Speisestärke, trockenen Sherry, Sojasauce und Sesamöl verrühren, ebenfalls beiseite stellen.

Wok (alternativ: große Pfanne mit hohem Rand) mit Pflanzenöl ausgießen, 2 Minuten auf mittlerer Stufe erhitzen, bis es raucht. Frühlingszwiebeln, Knoblauch, Wasserkastanien, Chilischote, Ingwer und Pfeffer in den Wok geben, 3 Minuten pfannenrühren. Angerührte Flüssigkeit zugeben, unter Rühren 1 Minute kochen, bis die Flüssigkeit angedickt ist. Sofort mit dem Reis servieren.

Ergibt 6–8 Portionen.

Buntes Shrimp-Gemüse aus dem Wok
Colorful Shrimp Stir-Fry (Foto Seite 123)

500 g ungeschälte frische große Shrimps (z.B. King Prawns)
1/2 TL Salz · 1/2 TL geriebene Orangenschale
1/4 TL getrocknete, zerstoßene Chilischote
1 TL Sesamöl
250 g frische dünne Spargelstangen
75 ml Hühnerbrühe
3 EL chinesische Würzsauce mit Austerngeschmack (Oystersauce)
1 EL Hoisin-Sauce · 2 TL Speisestärke
3 EL Erdnußöl
1 EL durchgepreßter Knoblauch
1 EL geschälte, feingeraspelte Ingwerwurzel
1 kleine rote Paprikaschote, in feine Streifen geschnitten
1 Dose (200 ml) Babymaiskolben, abgetropft
2 TL Reiswein oder trockener Weißwein
heißer gekochter Reis

Shrimps schälen und Därme entfernen. In eine große Schüssel geben, mit Salz, Orangenschale und Chilischote bestreuen. Sesamöl darübergießen und alles vorsichtig vermengen. Beiseite stellen.

Spargel schälen, holzige Enden abschneiden. Diagonal in rund 4 cm lange Stücke schneiden. Beiseite stellen.

Hühnerbrühe, Austernsauce, Hoisin-Sauce und Speisestärke glattrühren, ebenfalls beiseite stellen.

Wok (alternativ: große Pfanne mit hohem Rand) mit Erdnußöl ausgießen, 2 Minuten auf mittlerer Stufe (190 °C) erhitzen, bis es raucht. Knoblauch und Ingwer in den Wok geben und 30 Sekunden pfannenrühren. Shrimpmischung dazugeben und weitere 3–5 Minuten pfannenrühren, bis die Shrimps rosa sind. Shrimps aus dem Wok nehmen, auf Küchenkrepp abtropfen lassen.

Spargel und Paprikaschote in den Wok geben, 1 Minute pfannenrühren, bis das Gemüse gar, aber noch knackig ist. Aus dem Wok nehmen und beiseite stellen. Angerührte Flüssigkeit in den Wok geben. Unter Rühren kochen, bis die Flüssigkeit angedickt ist. Shrimps, Spargelgemüse, Babymais und Wein zugeben und unter Rühren noch einmal erhitzen. Sofort mit dem Reis servieren.

Ergibt 4 Portionen.

»Er hat mich dann angerufen und gesagt, um Geld müssen wir uns nie mehr Sorgen machen... Da sagte ich, das ist gut. Eine Sorge weniger.«

Duftende Honig-Shrimps
Tangy Honeyed Shrimp

750 g ungeschälte frische große Shrimps (z.B. King Prawns)
3 EL Erdnußöl
2 TL durchgepreßter Knoblauch
1 TL geschälte, feingeraspelte Ingwerwurzel
1 Dose (300 ml) fertige Hühnersuppe, Konzentrat
1 EL Speisestärke · 2 EL Honig
2 EL Tomatenketchup
1 EL Weißweinessig · 1 EL Reiswein oder trockener Sherry
1 EL Sojasauce
1/8 TL getrocknete zerstoßene Chilischote · 1 EL Sesamöl
1 TL feingehackter frischer Koriander
2 feingeschnittene Frühlingszwiebeln
Reistimbalen (siehe Seite 103)
<u>Zum Garnieren:</u> frischer Koriander

Shrimps schälen und Därme entfernen. Wok (alternativ: große Pfanne mit hohem Rand) mit Erdnußöl ausgießen, 1 Minute auf großer Stufe (200°C) erhitzen, bis es raucht. Shrimps, Knoblauch und Ingwer in den Wok geben, 3–5 Minuten pfannenrühren, bis die Shrimps rosa sind.

Hühnerfond, Speisestärke, Honig, Ketchup, Weißweinessig, Reiswein, Sojasauce und Chilischote glattrühren. Zu den Shrimps geben, unter Rühren zum Kochen bringen und eine Minute kochen, bis die Flüssigkeit angedickt ist. Sesamöl, Koriander und Frühlingszwiebeln zugeben und kurz erhitzen. Sofort mit Reistimbalen servieren. Ergibt 3–4 Portionen.

Reistimbalen

450 ml Wasser
1/2 TL Salz
225 g Langkornreis

Wasser und Salz in einer schweren Kasserolle zum Kochen bringen. Reis zugeben. Deckel aufsetzen, Hitze reduzieren und 20–25 Minuten köcheln lassen, bis der Reis gar ist und alle Flüssigkeit aufgenommen hat.

Heißen Reis in 4–6 gefettete Puddingförmchen drücken und sofort auf Teller stürzen. Timbalen bis zum Servieren warm stellen.

Ergibt 4 Portionen.

»Mama hat gesagt, jeder Mensch braucht nur ein bestimmtes Vermögen. Alles was darüber hinausgeht, ist Angeberei.«

Kreolisches Shrimp-Jambalaya
Creole Shrimp Jambalaya

750 g ungeschälte frische mittelgroße Shrimps (z.B. Grönland-Shrimps)
2 EL Pflanzenöl · 1 Karotte, in feine Streifen geschnitten
150 g feingehackte Zwiebel
75 g feingeschnittene grüne Paprikaschote
75 g feingeschnittener Stangensellerie
3 durchgepreßte Knoblauchzehen
1 Dose (440 ml) ganze Tomaten mit Saft, kleingeschnitten
1 Dose (440 ml) fertige Hühnersuppe
225 g Tomatenpüree · 350 ml Wasser
225 g Langkornreis
1 TL Salz · 1/2 TL getrockneter Thymian
1/2 TL gemahlener roter Pfeffer
1/4 TL Chilipulver
1/4 TL Zucker
75 g feingehackte frische Petersilie
1/8 TL Tabasco (nach Wunsch)

Shrimps schälen und Därme entfernen. Pflanzenöl in einem großen Topf heiß werden lassen. Shrimps zugeben und auf mittlerer Hitze unter Rühren 3–5 Minuten dünsten, bis die Shrimps rosa sind. Shrimps mit einem Schaumlöffel aus dem Öl nehmen. Zugedeckt kühl stellen.

Karotte, Zwiebel, Paprikaschote, Stangensellerie und Knoblauch in den Topf geben, unter Rühren 3 Minuten garen. Tomaten, Hühnerbrühe, Tomatenpüree, Wasser, Reis, Salz, Thymian, Pfeffer, Chilipulver und Zucker zugeben, gut verrühren und zum Kochen bringen. Hitze reduzieren und 45 Minuten köcheln las-

Fritierte Golfküsten-Shrimps, Seite 82

Shrimp-Fettucine, Seite 94

sen, bis der Reis gar ist und fast die gesamte Flüssigkeit aufgenommen hat. Shrimps und Petersilie unterrühren und heiß werden lassen. Nach Wunsch mit Tabasco abschmecken.
Ergibt 4 Portionen.

Shrimp-Paella
Paella with Peas and Carrots

1,5 kg Hühnerteile (Brust, Flügel, Schenkel)
60 ml Olivenöl
2 große, feingehackte Zwiebeln
2 durchgepreßte Knoblauchzehen
1 große Dose (880 ml) ganze Tomaten mit Saft, kleingeschnitten
1 TL Salz · 225 g Rundkornreis
1 TL getrockneter Oregano
1/2 TL Safranfäden
60 ml kochendes Wasser
1 Dose (425 ml) Muschelfleisch, abgetropft oder
500 g frische Miesmuscheln in der Schale
350 g Erbsen-Karotten-Mischgemüse (TK)
1,25 kg ungeschälte frische mittelgroße Shrimps (z.B. Grönland-Shrimps)

Olivenöl in einer großen Pfanne mit hohem Rand oder in einem großen Topf erhitzen. Hühnerteile zugeben und von allen Seiten anbraten. Aus dem Öl nehmen. Zwiebeln und Knoblauch in die Pfanne geben. Bei mittlerer Hitze unter Rühren weichdünsten. Hühnerteile, Tomaten und Salz zugeben, gut verrühren. Deckel

aufsetzen und 30 Minuten köcheln lassen. Reis und Oregano zugeben. Safranfäden im kochenden Wasser auflösen und zum Huhn geben. Deckel aufsetzen und 25 Minuten köcheln lassen. Muscheln zugeben, Deckel wieder aufsetzen und 10 Minuten weiterkochen. Erbsen-Karotten-Mischung nach Anweisung garen, abgießen. Shrimps schälen und Därme entfernen. Shrimps zu der Huhn-Muschelmischung geben, zugedeckt 5 Minuten garen, bis die Shrimps rosa sind. Paella entweder direkt in der Pfanne auftragen, wobei das Gemüse noch untergemischt wird oder auf eine Platte geben, Erbsen-Karotten-Mischung drumherum anrichten und servieren.
Ergibt 6 Portionen.

»Jenny und ich, wir waren wieder wie Pech und Schwefel.«

Shrimps und ...

Großmutters bester Krautsalat
Old-Fashioned Sweet Coleslaw

1 kleiner Kopf Weißkraut, feingeschnitten oder gehobelt
2 geraspelte Karotten
75 g Mayonnaise oder weißes Salat-Dressing
1 EL Zucker · 1/2 TL Salz · 1/4 TL Pfeffer

Weißkraut und Karotten vermischen. Mayonnaise, Zucker, Salz und Pfeffer verrühren. Über das Gemüse geben und unterheben. Zugedeckt kühl stellen.
Ergibt 6–8 Portionen Salat.

Bubbas Cocktailsauce
Bubba's Cocktail Sauce

225 ml Chilisauce
75 ml Zitronensaft
3 EL Meerettich (Glas)
1 EL Worcestersauce
1/4 TL Tabasco

Alle Zutaten verrühren und kühl stellen. Ergibt ca. 350 ml Cocktailsauce.

Krautsalat süßsauer
Sweet-and-Sour Hot Slaw

1 mittelgroßer Kopf Weißkraut, feingeschnitten oder gehobelt
120 g feingehackte Zwiebel
120 g feingeschnittene grüne Paprikaschote
225 g Zucker
225 ml Weißweinessig · 1 1/2 TL Salz
1 TL Selleriesamen · 1 TL milder Paprika
3/4 TL schwarzer Pfeffer
1/2 TL gemahlener roter Pfeffer

Weißkraut, Zwiebel und Paprikaschote vermischen. Zucker, Weißweinessig, Salz, Selleriesamen und Pfeffer verrühren und unter das Gemüse heben. Zugedeckt kühl stellen. Salat vor dem Servieren abgießen.
Ergibt 8-10 Portionen Salat.

»Shrimps, das sind die Früchte des Meeres.«

Delta Dunkin' Sauce
Delta Dunkin' Sauce

225 g Mayonnaise oder weißes Salatdressing
2 EL Zitronensaft
110 ml Pflanzenöl
60 ml Tomatenketchup
60 ml Chilisauce
1 TL milder Paprika
1 TL schwarzer Pfeffer
1 TL mittelscharfer Senf
1 TL Worcestersauce
1 Spritzer Tabasco
2 durchgepreßte Knoblauchzehen
1 kleine geriebene Zwiebel

Alle Zutaten verrühren und zugedeckt kühl stellen.
Ergibt ca. 500 ml Delta Dunkin' Sauce.

»Mama hat immer gesagt, dumm ist der, der Dummes tut.«

Unvergleichlich leckere Remoulade
Finger Lickin' Rémoulade Sauce

350 g Mayonnaise oder weißes Salatdressing
2 hartgekochte Eigelb, durch ein Sieb gedrückt
2 EL sehr feingehackte frische Petersilie
2 durchgepreßte Knoblauchzehen
1 EL getrockneter Kerbel
1 EL milder Paprika
1 1/2 TL Kräutersenf
2 EL Weißweinessig
1 EL Worcestersauce
Spritzer Tabasco

Alle Zutaten verrühren und zugedeckt kühl stellen.
Ergibt ca. 400 ml Remoulade.

Extragute Tatarensauce
Real Good Tartar Sauce

225 g Mayonnaise oder weißes Salatdressing
40 g kleingehackte eingelegte Dillgurken
1 EL sehr feingehackte frische Petersilie
2 TL Kapern
2 TL geriebene Zwiebel
1 TL Zucker
1 TL mittelscharfer Senf
1 TL Zitronensaft
1/4 TL Knoblauchpulver

Alle Zutaten verrühren und zugedeckt kühl stellen.
Ergibt ca. 300 ml Tatarensauce.

Knuspriges Maisbrot
Cracklin' Cornbread

450 g Maismehl
2 TL Backpulver
1 TL Backnatron
3/4 TL Salz
2 verrührte Eier
450 ml Buttermilch
2 EL Pflanzenöl
75 g fritierte Schweinekrusten, in kleine Stücke zerbröselt

Maismehl, Backpulver, Backnatron und Salz in einer großen Schüssel vermischen. Eier, Buttermilch, Öl und Schweinekrusten zugeben und gut verrühren.
Eine gut eingefettete gußeiserne Pfanne mit hohem Rand 4 Minuten im sehr heißen Ofen (225°C) vorheizen. Aus dem Ofen nehmen und Teig in die Pfanne füllen. Im Ofen bei 225°C 25 Minuten backen, bis die Oberfläche des Brots leicht angebräunt ist.
Ergibt 8 Portionen.

»Bubbas Familie wußte alles, was man übers Shrimpgeschäft wissen muß.«

Südküsten-Maisküchlein
Southern Hush Puppies

450 g Maismehl
225 g Weizenmehl
3 TL Backpulver
1/2 TL Salz
3 EL Zucker
3 große Eier (150 g), leicht schaumig geschlagen
110 ml Milch
170 g geraspelter Cheddar-Käse (ersatzweise alter Gouda)
2 grüne Peperoni, entkernt und feingeschnitten
1 Dose (500 ml) Maiskörner, abgetropft
1 große, feingehackte Zwiebel
Pflanzenöl

Maismehl, Weizenmehl, Backpulver, Salz und Zucker in einer großen Schüssel vermengen. Eier und Milch verrühren, in die Schüssel geben und rasch mit den trockenen Zutaten vermengen. Käse, Peperoni, Maiskörner und Zwiebel zugeben und kurz unterrühren (Teig nicht zu lange rühren).
Einen großen Topf 5 cm hoch mit Öl füllen und auf 190 °C erhitzen, oder die entsprechende Menge Öl in einer Friteuse erhitzen. Vom Teig teelöffelgroße Kugeln abstechen und vorsichtig in das heiße Öl gleiten lassen. Portionsweise 3 Minuten ausbacken, bis die Küchlein goldbraun sind, dabei einmal wenden. Auf Küchenkrepp abtropfen lassen.
Ergibt 42 Stück.

Kleine
Shrimps-Warenkunde

Im Bereich der Krustentiere herrscht allgemein große Verwirrung. Generell sind SHRIMPS gleichzusetzen mit GARNELEN (franz.: crevettes, span.: gambas, ital.: gamberetti).

SHRIMPS (engl. auch PRAWNS) werden nach Größen unterteilt, wobei bei dieser Einteilung das englische Pfund (454 g) zugrunde gelegt wurde. Besagt eine Packungsaufschrift etwa »16–20«, so bedeutet dies, daß ca. 18 Garnelen(schwänze) pro Pfund enthalten sind. Die Bezeichnung »U« heißt »unter« (engl.: under), so daß bei großer Ware z.B. 6 King Prawns pro Pfund mit »U7« gekennzeichnet sind.

In diesem Kochbuch wird unterschieden zwischen
- RIESENGROßEN SHRIMPS, also etwa Tiger Prawns (Schiffskielgarnelen, engl.: giant tiger prawn, franz.: crevette géante tigrée), die zu uns meist tiefgefroren aus Asien gelangen, manchmal als Gewichtsklasse »Jumbo« 0 oder 1 eingestuft werden und als solche einen relativ hohen Preis erzielen,
- GROßEN SHRIMPS, z.B. King Prawns oder King Size (Größe 6–8 pro Pfund) und
- MITTELGROßEN SHRIMPS, wie etwa Grönland-Shrimps (Tiefseegarnelen, engl.: pink shrimp), deren größere Exemplare manchmal auch mit der Fantasiebezeichnung »Hummerkrabben« gehandelt werden. Grönland-Shrimps sind rötlich gefärbt und werden gleich auf den Fangschiffen kurz in Meerwasser gekocht, um ihren hervorragenden Geschmack zu konservieren. Sie müssen – wie alle tiefgefrorenen Krustentiere – langsam und vollständig auftauen, bevor sie wie frische Produkte weiterverwendet werden. Ein Teil des nordatlantischen Fangs wird auch gleich geschält und nach kurzem Kochen als »Nordmeer-Garnelenfleisch« eingefroren. Auch diese Ware ist von hoher Qualität, wobei Kaltwasser-Garnelen generell geschmacklich empfehlenswert sind.
- KLEINEN SHRIMPS, wie z.B. Ost- und Nordseegarnelen sowie Sandgarnelen(Granat). Alle 3 Arten werden im Handel oft unter der Bezeichnung »Nordseekrabben« angeboten. Die sehr schmackhaften Sandgarnelen (engl.: brown shrimp, franz.: crevette grise, ital.: gamberetto grigio) werden vom Weißen Meer über Ost- und Nordsee um die europäischen Küsten, im Mittel- und im Schwarzen Meer gefangen. Sie sind zunächst grau gefärbt und erhalten ihre appetitliche rosa Farbe erst beim Garen.

<u>Hinweis:</u> Große Garnelen wie etwa King Prawns werden im Handel manchmal fälschlicherweise als »Scampi« bezeichnet, was sie definitiv nicht sind. Scampi sind Hummerartiger auch erkennbar an den Scheren und am stärker ausgeprägten Vorderkörper und heißen auf deutsch Kaisergranat (engl.: Norway lobster, franz.: langoustine).

Vorbereiten der Shrimps
Zunächst mit einer Drehbewegung den Kopf abtrennen (geht ganz leicht), dann mit den Fingern vorsichtig die Schalen vom Körper ablösen (an der Nordseeküste sagt man »pulen«), so daß das Fleisch darunter intakt bleibt. Bei größeren Exemplaren eventuell vorher den Panzer an der Unterseite mit einer Schere aufschneiden.
Zum Entdärmen: Mit einem scharfen Messer am Schwanzrücken einige Millimeter tief einschneiden und den freiliegenden schwarzen Darm mit der Messerspitze herausnehmen oder mit den Fingern – eventuell unter fließendem kalten Wasser – entfernen.

Sachgruppenregister

119

Alphabetisches Register

Buntes Shrimp-Gemüse aus dem Wok, Seite 100

»Ich weiß nicht, ob jeder von uns seine Bestimmung hat, oder ob wir alle nur zufällig so dahingleiten, wie eine Feder im Wind.«